Rituais de Magia Negra
Asamod

Copyright Asamod 2021 ©

Direitos reservados

Nenhuma parte deste livro pode ser reproduzida por qualquer processo mecânico, fotográfico ou eletrónico, ou sob a forma de gravação fonográfica- sem permissão prévia por escrito do autor.

Nos termos do art. 12.º do Código do Direito de Autor e dos Direitos Conexos, o direito de autor é reconhecido independentemente do registo, depósito ou qualquer outra formalidade.

Registado na Amazon com ISBN: 9798789891230 e Copyrighted.com nº 28sW8W5cu77eEwpx

Se reeditar, transformar ou reproduzir este material, não poderá distribuir o material modificado. Se eu detetar um ebook plagiado indicarei à Amazon para removê-lo.

© 2021 Asamod

Índice

Introdução .... 8 a 11
Magias com Santa Muerte .... 12 a 16
(Separar duas pessoas) 13
(Impedir um casamento) 14
(Oração da gadanha protetora) 15
Bruxaria comum .... 18 a 31
(Garrafa mágica para maldição) 19
(Destruir um inimigo) 20
(Ritual da serpente) 21
(Três noites de rendição) 22
(Azarar a vida de uma pessoa) .... 24 e 25
(Toque de Lúcifer contra inimigos) 26
(Para causar discórdia) 28
(Anular feitiço do adversário) 29
(Poderoso vodú contra inimigos) 30
Feitiços do livro de S. Cipriano .... 32 a 35
(Causar doença severa, ou morte) 33
(Sortilégio para separar duas pessoas) 34
(Para conseguir algo de uma pessoa) 35
(Talismã para se tornar invencível) 35
(Para uma pessoa revelar coisas no sonho) 35
Amarrações .... 37 a 72
(Amarração com Xangó) 38
(Amarração de magia negra) .... 38 a 39
(Amarração cigana) 40
(Feitiço de dominação) 41
(Poderosa amarração Pombagira) .... 42 e 43
(Ritual da teia de aranha) 44
(Amarração egípcia) 45
(Amarração estilo vodú de Nova Orleans) .... 46 e 47
(Amarração de Maria Mulambo) 48
(Amarração sexual) 48
(Amarração com Maria Quitéria) 51
(Amarração com pedido às almas) 52
(Amarração com coração de boi) 53
(Feitiço africano para mulher amansar o homem) 54
(Para a pessoa amada voltar) 56
(Ritual africano II) 57
(Prender duas pessoas para sempre) 58
(Feitiçaria das malvas) 59
(Causar infidelidades a um casal) 60
(Para amansar o marido) 61
(Para atrair uma pessoa) 63

(Chá do pintelho) 64
(Cofre do amor) 65
(Atrair alguém do mesmo sexo) 65
(Trazer a pessoa de volta) 66
(Para afastar rival) 66
(Manter pessoa ruim afastada da sua casa) 68
(Tornar-se incúbo ou súcubo – Magia suméria) .... 69 e 70
(Ritual da Pombagira Maria Quitéria) .... 70 e 71
Quimbanda .... 74 a 103
(Entidades e as suas finalidades) 75
(Entidades e os seus reinos, Exús e Pombagiras) .... 76 a 84
(Contatar o seu Exú pessoal) .... 84 e 85
(Altar básico para Exú) 86
(Livrar alguém da jura de morte) 87
(Contatar Exú das 7 encruzilhadas para abrir caminhos) .... 87 e 88
(Prece a Exú Caveira) 89
(Feitiço Maria Padilha das almas) .... 90 e 91
(Feitiçaria para quebrar uma pessoa) 92
(Separar duas pessoas) 93
(Afastar a pessoa de si) 93
(Causar ferida na língua de pessoa maldizente) 93
(Destruir adversário, feitiço no cemitério) .... 94 e 95
(Separar duas pessoas, Exú do lodo) 96
(Vencer uma demanda) 97
(Para caboclo proteger o seu lar) 97
(Para afastar inimigos) 97
(Feitiço da encruzilhada contra inimigos) .... 97 e 98
(Exú 7 facadas, contra inimigos) 99
(Pontos cantados aos Exús) .... 100 a 103
Vodú .... 105 a 118
(Preparar um altar básico) .... 106 e 107
(Pedir um favor aos espíritos do vodú) .... 107 a 109
(Boneco vodú) .... 110 a 113
(Magia cigana com boneco) 113
(Feitiço vodú para dominar alguém) 114
(Feitiço vodú para causar dano a um inimigo) 114
(Maldição vodú) 115
(**Pós vodú**) 117
(Goofer Dust) 117
(Hot foot poder) 118
(Pó afasta inimigos) 118
Santería .... 120 a 125
(Amarre sexual com boneco) .... 121 a 125
Tipos de velas .... 127 a 134
Proteção .... 136 a 143

(Consagrar um talismã) 136
(Feitiço de banimento e liberação) .... 136 a 138
(Desmanchar um feitiço que alguém lançou a si) 139
(Pantáculo de Marte) 140
(Fortalecer a sua cabeça) 141
(Tirar feitiço do seu lar) 141
(Banho de descarrego) 141
(Lâmpada mágica para Exú de proteção) 142
(Limpar invejas ou negatividade da sua aura) 143
Glossário de termos .... 145 a 148
Bibliografia 151

Advertência Inicial

Este formulário tem única e exclusivamente feitiços de magia negra, para utilizar em situações de último recurso. Use com responsabilidade e recorde-se que o carma é sempre gerado. Terá de utilizar periodicamente banhos de limpeza astral, defumações ou amuletos.

Caso queira conhecer feitiços para variadas finalidades (saúde, proteção, amor, riqueza, defesa e outros) adquira o meu livro "Formulário Mágico – 620 Feitiços".

Este Formulário serve para situações extremas em que o único recurso é a força, para preservar a sua segurança ou repelir um inimigo. Inclui feitiços de Vodú inéditos, bruxaria da Mesoamérica; do culto a Santa Muerte, feitiços de Santería, Candomblé, amarrações amorosas entre outros. Os feitiços neste livro não são "repetidos" de outros livros meus, são inéditos.

As magias neste livro foram criteriosamente selecionadas, poderia colocar centenas de feitiços, mas optei pela qualidade em vez de quantidade.

Tive ainda em conta a facilidade do leitor comum poder obter os ingredientes todos (particularmente ervas) quer seja cidadão do Brasil, Portugal ou Espanha.

Valorizei a facilidade de elaboração dos rituais (rituais muito longos e complexos não os incluí no livro). Esta obra destina-se ao praticante de nível médio.

Feitiços que considerei demasiado fáceis, simplistas e sem força magnética suficiente, não os incluí.

Portanto, segui um rigoroso critério seletivo.

Divulgo alguns feitiços com sacrifício de animais pequenos (aves, por exemplo), pois são característicos do sistema de Quimbanda ou Candomblé.

Contudo, não menciono sacrifícios de animais de 4 patas, nem o leitor é obrigado a fazer estes feitiços, existem dezenas de outros sem recurso a sangue no livro.

Muitos livros apenas têm receitas de feitiços e nada mais, o autor não se preocupa com o resto. Gosto de precaver os meus leitores e dar-lhes dicas de segurança.

Sempre que mexer com terra de cemitério use luvas.

Quando for a um cemitério fazer trabalhos, por respeito peça permissão ao povo do cemitério (entidades) e a Obaluaiê.

Não entre com os sapatos em casa após vir do cemitério.

Quando for a uma encruzilhada deixar um despacho, peça licença a Ogum e a Exú, deixe uma vela de oferenda a Exú. Guardião da encruzilhada.

Cada local que for (seja cemitério, encruzilhadas, linha-ferroviária, bosque) tem uma entidade guardião, peça sempre permissão para deixar o despacho ali, acenda uma vela para essa entidade.

Antes de fazer um trabalho de magia negra acenda sempre uma vela branca para o seu Orixá pessoal e peça que corra tudo bem.

Após trabalhos de magia negra, use proteção (banhos de descarrego para limpar a aura, amuleto ou talismã, anel, cristais, etc.).

A magia deve ser feita com prudência e sabedoria, e nunca de forma impulsiva ou despreparada. Essa é a diferença entre um bruxo comum e um mago.

Bruxo pode ser qualquer curioso que faça feitiços, o mago é alguém experiente, conhecedor, que pode inclusive criar os seus próprios amuletos e feitiços.

Alguns chegam num nível avançado que basta pensarem em alguém e já influenciam magicamente, trabalham só com a magia mental (além do plano físico). Com um simples olhar derrubam o adversário.

G∴M∴ Asamod, 33º

Indicação:
Como estes são feitiços de magia negra evite fazê-los em casa. Pode fazer ao ar-livre, ou numa garagem alugada, no bosque, numa cabana, etc.

Convém que use, durante os rituais e posteriormente, um amuleto de proteção, um anel (em metal nobre; quer seja estanho, ouro ou prata). Periodicamente também deverá fazer banhos de ervas para purificação. O procedimento ajuda a limpar energias densas que se acumulam na sua aura ou ao redor. No fim do livro apresento algumas indicações.

No México, Colômbia, Venezuela, Cuba, e noutros países, alguns bruxos constroem uma pequena garagem de madeira onde montam o altar da entidade (seja de *Exú*, *Diablito*, *Santa Muerte* ou outra) isso permite-lhes mexer com essas energias pesadas fora de casa.
Existem inclusive garagens pré-fabricadas que poderá comprar (peça por peça) em lojas de bricolage por 200 a 250 euros.

Exemplo:

Alguns fazem rituais na mata, ou numa caverna.

Se, por acaso morar na cidade num edifício, obviamente a garagem de madeira fica sem efeito. Contudo, pode alugar uma arrecadação no edifício, algumas rondam os 120 euros por mês, pesquise na sua zona. A longo prazo compensa pagar o aluguer, terá um espaço seu, limpo, para realizar feitiços, bem como privacidade.
Todas as energias ficam nesse local (longe da sua casa).

Pode inclusive recuperar o investimento ao fazer trabalhos de magia para os clientes e ainda faturar dinheiro extra.

Magias com Santa Muerte

A Santa Muerte é uma entidade adorada no México, porém o culto já chegou a países da América Central e aos Estados Unidos. Não vou prolongar-me muito, saliento que as cores diferentes da estatueta têm objetivos específicos, tal como as cores de cada vela. Pode usar uma estatueta de Santa Muerte branca para proteção ou finalidades gerais. Vermelha para assuntos de amor e sexo, preta para defesa contra inimigos ou para o mal, etc.

As flores que colocar no altar podem ser gardénias, cravos, rosas, por exemplo, no caso das rosas retire os espinhos. Rosas-bancas colocam-se no altar para pedir saúde ou proteção espiritual. Rosas-vermelhas estão associadas ao amor e paixão.

As bebidas de oferenda, podem passar por: rum, tequilha, wisky ou anis. Alguns oferecem cerveja preta. Cigarrilhas também podem deixar-se como oferenda.

Uma nota: A Santa Muerte é uma entidade complicada de se lidar, geralmente são os narcotraficantes latino americanos que trabalham com estes rituais. Esta entidade é um pouco "invejosa", no altar só pode ter estatuetas dela, nunca de outras entidades.
Se trabalhar com rituais de Santa Muerte, não faça rituais de outros sistemas mágicos ou com outras deidades por algum tempo. Também nunca deixe de agradecer antecipadamente (antes de obter resultados) agradeça sempre com oferendas, caso contrário corre riscos.
Santa Muerte é para se utilizar com responsabilidade, esta entidade é das mais fortes (mais forte que *loas* do vodú, ou Exús e pomba-giras da quimbanda) garanto-vos. Pois, como referi, os praticantes são narcotraficantes, e existem outras pessoas, mas ao todo cerca de 2 milhões de seguidores. A egrégora energética associada a Santa Muerte é *da pesada*.

Para separar duas pessoas:

Materiais:
1 vela preta grossa, pimenta-negra, 1 pedaço de papel, fio preto, 3 ramas de absinto secas, um pico de pítia (caso não consiga obter, use uma agulha), 1 pires de barro.

Instruções:
Faça o feitiço numa quarta-feira de noite, perto da meia-noite.
Com o pico de pítia escreva o nome das pessoas na vela. Com caneta escreva também os nomes no pedaço de papel. Coloque no papel as ramas de absinto desfeitas e a pimenta-preta, enrole.
Acenda a vela e coloque o papel no pires de barro ao lado desta.

Amaldiçoe a relação dos dois, peça a Santa Muerte que os separe.

Quando a vela se extinguir, no dia seguinte, pegue no papel e esconda-o no buraco do tronco de uma árvore velha.

Feitiço com cabeças de cera para separação.

Ingredientes:
Duas cabeças de cera (cada uma simboliza uma pessoa), 2 vendas pretas, 2 papéis, óleo de rícino, 4 velas azuis, 2 sementes olho-de-boi.

Instruções:
Nos papéis escreva o que ambiciona que cada um pense (o homem e a mulher), por exemplo, que a mulher sinta raiva do companheiro. Unte com óleo de rícino e coloque num "olho-de-boi" e enfie na cabeça dela. Escreva no papel para o homem o que ele deverá sentir, unte com óleo e meta num olho-de-boi e enfie na cabeça dele. Coloque uma venda nos olhos de cada cabeça e vire-as uma de costas para a outra. Acenda as velas.

Foto de exemplo:

A semente olho-de-boi é a semente de uma árvore *Mucuna Urens*, vende-se em lojas esotéricas.

Para impedir um casamento:

Materiais:
1 estatueta de Santa Muerte, óleo mágico de víbora, um pico de pítia, uma vela em forma de casal (preta), 1 colher de pó da planta Prodigiosa (*Brickellia cavanillesii*).

Nota:
Pode usar uma agulha em vez do pico de pítia, óleo de víbora pode comprar em lojas esotéricas. Em alternativa pode comprar um óleo mágico e à parte uma cabeça de víbora seca (existem lojas esotéricas

que vendem como amuleto natural) e deixe uns dias num frasco com o óleo. A planta é predominante no México e este feitiço de magia mexicana utiliza ingredientes comuns na região, mas pode substituir a planta por pó de raiz de mandrágora. Lojas esotéricas vendem a maioria desses ingredientes.

Instruções:
Com o pico (ou agulha) grave os nomes dessas pessoas na vela. Unte a vela com o azeite de víbora. Espalhe por cima o pó da planta prodigiosa (ou de mandrágora em alternativa). Acenda a vela em cima de um pires, coloque no altar perto da estatueta de Santa Muerte.

Diga:

"Santa Muerte, Tu com o Teu grande poder, afasta (fulano e fulana). Para perderem interesse mútuo, para que se afastem.
Creio em Ti, mais do que qualquer outro poder no mundo, Tu controlas os locais mais obscuros e todas as almas, por isso Te peço que os separes. Obrigado Santa Muerte. Amén".

Os restos da cera jogue no lixo.

Para a sua Proteção:

Coloco esta reza a Santa Muerte, porque pode ser-lhe útil, caso suspeite que é alvo de uma bruxaria por parte de um inimigo.

Coloque no altar oferendas como: flores, um copo de conhaque, cigarrilhas, uma vela branca acesa.

Oração da gadanha protetora:

"Santa Muerte, aos teus pés me coloco para pedir: faz-me sentir a Tua força,
o teu poder e omnipresença contra os meus inimigos.
Senhora peço-Te que sejas o meu escudo e o meu resguardo contra o mal, que a tua gadanha protetora corte todos os obstáculos.

*Que se abram as portas que estavam fechadas e se abram os caminhos.
Senhora, não existe mal que Tu não consigas vencer,
por Tua vontade, aguardo a tua benevolência.
Amén."*

PS: Pode tratar a entidade por Santa Morte, porém, costumo dirigir-me a ela em espanhol: Santa Muerte, visto que esta entidade é da bruxaria latino-americana e a egrègora encontra-se energizada com esse nome, com essa vibração mântrica.

Bruxaria comum.

Estes rituais não estão associados a nenhum sistema mágico concreto por isso os enquadrei na bruxaria comum.

Partilho consigo uma dica poderosa (que nenhum outro livro comum lhe revela).

Quando for fazer um feitiço contra um inimigo, escolha uma fase astrológica em que ele(a) esteja energeticamente vulnerável. O efeito será mais arrasador. Para isso terá de saber o nome e a data de nascimento dessa pessoa (pesquise no Facebook, ou por conhecidos). Então com esses dados faça o mapa astral dele(a) (existem sites onde pode fazer gratuitamente isso). Nos detalhes da carta astral mencionam quais os meses e datas em que essa pessoa está vulnerável. Pode ainda, ver o biorritmo da pessoa e as datas em que a energia dela está mais debilitada. Nesses meses e datas terá maior impacto o feitiço (e obviamente na fase de lua minguante ou lua nova).

Um dos sites com recursos astrais gratuitos, e já existe há mais de 20 anos online, é o seguinte: http://www.astral-on-line.com/biorritmo/index.shtml

No caso dos ciclos que deverá notar, são os ciclos físico e o emocional dessa pessoa.

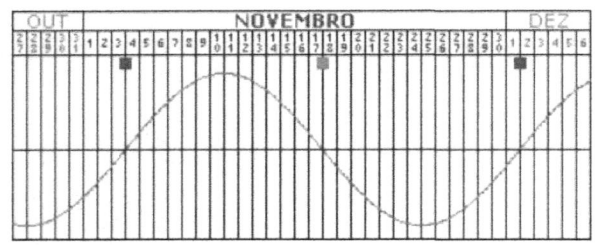

No exemplo acima o período mais frágil é entre os dias 15 a 26 de novembro (baseado no mapa astral que fiz de uma pessoa e a data de nascimento dela).

Outro site do género (também gratuito) é este:

https://www.sua-sorte-online.com.br/biorritmo

Exemplo:

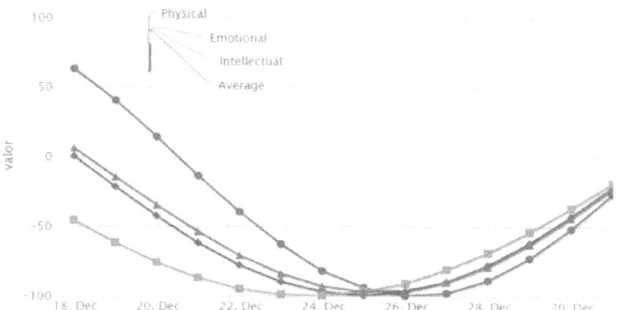

No exemplo acima o gráfico gerado com a data de nascimento da pessoa, demonstra que a fase mais frágil é entre 18 a 25 de dezembro (no site pode colocar a data que deseja ver e o mês).

Garrafa mágica para maldição:

Existem diferentes categorias de garrafa mágica, umas para amor outras para proteção, esta é para amaldiçoar um adversário.

Ingredientes:
Uma garrafa ou frasco de vidro escuro, se for necessário pinte-a com tinta acrílica preta. Uma vela preta, pregos ferrugentos, alfinetes, bocados de vidro partido, incenso de sândalo, 1 pedaço de pergaminho, caneta de tinta preta.

Instruções:
Realize o ritual numa noite de lua nova. Acenda o incenso e a vela. Em seguida coloque os ingredientes na garrafa, visualizando a imagem da pessoa que deseja influenciar. Escreva o nome dessa pessoa no pergaminho, rasgue-o em dois pedaços e coloque na garrafa. Feche a garrafa e agite-a dizendo:

"A minha fúria contra si (nome da pessoa) é enorme.
Que as vicissitudes da vida de assombrem.
Que os problemas e aborrecimentos te atormentem.

Que a má sorte seja a tua companheira. Invoco o azar e a má sorte para perseguir-te sempre, em cada momento. Que seja feita a minha vontade."

Deixe pingar algumas gotas de cera da vela na tampa da garrafa selando-a. Tente enterrar a garrafa perto da casa dessa pessoa. Caso não seja possível enterre num campo árido e estéril perto de uma encruzilhada.

Destruir um inimigo:

Ingredientes:
1 coração de boi ou de borrego (compre no talho), uma caixa com agulhas novas, 1 fio preto, 2 velas pretas.

Instruções:
Faça num sábado de manhã, com a lua em fase minguante.

Vista-se de preto.

Acenda as duas velas pretas e coloque o coração entre elas (no meio) enquanto visualiza o seu inimigo e espeta as agulhas no coração.

Diga três vezes:

*"Eu odeio-te, desejo-te todo o mal. Fulano(a) (nome).
Vasis Atatlos Vesul Eterenus Verbo San Herbo Dibolia Herbonos".*

Agora, amarre o fio preto em formato de cruz, à volta do coração, amarrando-o. Deverá enterrar num terreno árido não cultivado, "sem vida".

Destruir inimigo II:

Ingredientes:
1 coração de frango, 1 caixa de alfinetes, 1 foto da pessoa adversária, 1 prego ferrugento, 1 saquinho de seda vermelho.

Instruções:
O ritual deve ser feito numa terça-feira entre a lua nova e a lua cheia, seja entre as 7h e 8h da manhã ou entre as 14h e as 15h.

No dia escolhido para realizar o ritual ponha o coração do frango num prato e espete todos os alfinetes, um por um. A cada alfinete que espetar rogue uma praga diferente para cima da pessoa.

Pegue no prego e espete no coração de par em par, diga:

"Que este prego te segure á vida por muito e muito tempo, mas que de nenhuma prova sejas poupado"

Pegue na fotografia e ponha-lhe o coração em cima. Quando o coração estiver completamente seco (aprox. dez dias) conserve-o no saco de seda, em local escuro e apenas por si conhecido. Não o retire de lá nunca mais.

Os efeitos do feitiço começarão a fazer-se sentir decorridos 21 dias após o ritual.

No meu livro "Vampyros Magicae" ensino um método de Reiki negro, maligno.

Ritual da serpente (contra inimigo III):

Ingredientes:
3 velas pretas, incenso sangue de dragão, 1 pergaminho, caneta de tinta preta, 1 agulha esterilizada.

Instruções:
Faça numa noite de lua nova.

Acenda as velas e coloque-as à frente do pergaminho. Acenda o incenso.

Desenhe a forma de uma serpente no pergaminho, ao centro, nos 4 quantos desenhe espadas cujas pontas fiquem a apontar para o exterior da folha.

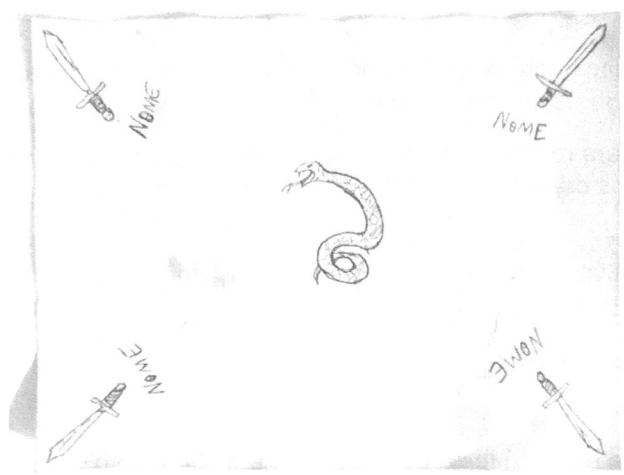

Passe o pergaminho pelo fumo do incenso e diga:

*"Pelo poder da espada, pelo poder da serpente,
que os meus inimigos sejam desfeitos, que os meus inimigos sejam aniquilados, que o meu poder aumente."*

A seguir escreva o nome do seu inimigo nos 4 quantos do pergaminho, debaixo das espadas e passe de novo pelo fumo do incenso, diga:

*"Grande serpente mágica,
envolve os meus inimigos nos teus poderosos anéis,
que eles sejam pulverizados e não me possam prejudicar,
que as espadas os trespassem, os façam sofrer e recuar,
que não me possam mais prejudicar."*

Queime o pergaminho e espalhe as cinzas à entrada da sua casa.

Três noites de redenção.

Contra inimigo IV.

Ingredientes:
1 vela preta, 1 foto da pessoa adversária.

Instruções:
O ritual vai infligir pesadelos a essa pessoa, ou dor moral, dor emocional, sensação de insegurança durante três noites.

Coloque a vela preta sobre a foto (ou papel com nome da pessoa), acenda a vela. Então incline a vela um pouco de modo a pingar gotas de cera sobre a foto. Imagine que essa pessoa sofre queimaduras.

Diga:

*"Por este encantamento, que durante três noites todo o mal vá ter com fulano.
Vela negra, vela negra, como a noite. Leva até fulano(a) as dores que me deseja.
Que assim seja. Causai-lhe lesões na pele e na mente,
lanço contra ti (nome) as leis do karma.
Por três vezes receberás, o teu próprio ódio e mal.
Que assim seja."*.

Abandone esse local onde fez o ritual, a vela deve ficar a queimar até ao fim. Decorridas três noites volte ao local, pegue a fotografia e rasgue-a, queime-a dizendo:

*"Três noites se passaram,
o teu karma já passou que baste.
Dissolvo o teu próprio mal neste mesmo instante,
que te sirva de lição hoje em diante."*.

Azarar a vida conjugal duma pessoa.

Este feitiço não serve concretamente para "separar" duas pessoas, mas sim para tornar a vida conjugal de uma das pessoas num inferno. Imagine que tem um inimigo e deseja que ele sofra no casamento, ele seria o alvo.

Itens:
4 velas pretas, um pouco de óleo de unção (qualquer óleo de maldição servirá, compre em lojas esotéricas). Caneta vermelha, 1 martelo, 2 pregos, 1 bloco de madeira (cerca de 7 x 7 cm, do tamanho duma foto), uma foto da pessoa que deseja atingir.

Instruções:
Deve ungir as velas com o óleo de maldição e enquanto faz isso pense em todo o caos que esse feitiço irá causar. Visualize a pessoa a sofrer discussões no casamento.

Parte 1.

Coloque a foto da vítima no bloco de madeira. Com a caneta desenhe um coração na testa da foto e no peito outro coração. Pegue no martelo e crave o prego no coração do **peito** da foto, diga:

"Com este prego espeto o teu coração, o teu amor irá acabar".

Pegue o martelo e crave o prego no coração desenhado na **cabeça** da foto. Enquanto faz isso, diga:

"Com este prego espeto a tua mente, vais alcançar a insanidade.".

Parte 2.

Coloque as velas pretas em quatro pontos ao redor da foto da vítima. Posicione-as ao norte, sul, este e oeste.

Você deve estar virado(a) para este.

Acenda as velas e medite mais uma vez.

Pegue numa das velas e deixe a cera preta pingar na foto, imaginando que a escuridão cobre o rosto dessa pessoa. Volte a colocar a vela no local.

Então, quando estiver pronto, recite as seguintes palavras:

"Senhores das Trevas, Senhores da Noite, tragam esta maldição sobre (nome), acelerem o seu carma, derrubem-no. Acabem com esse casamento, tornem-no num inferno. Tragam caos e ódio. Senhores das Trevas, Senhores da Noite, o que está feito, feito está.!".

Apague as velas, mas deixe tudo como está. No dia seguinte pode jogar os restos no lixo.

Para causar infortúnios a alguém.

Este trabalho de magia deve ser feito na última sexta-feira do mês, sendo as horas apropriadas: 18 horas ou 24 horas.

Acenda uma vela branca para o seu anjo da guarda, pondo-a ao lado de um copo virgem com água.

Vá a um cemitério e, ao entrar peça licença aos espíritos do cemitério. Siga até ao cruzeiro levando 7 garrafas de marafo, 7 velas pretas, e 7 caixas de fósforos virgens, colocando as garrafas de marafo em círculo. Após abertas com um abridor virgem, tire os rótulos dos charutos. Abra as caixas de fósforos e coloque os charutos sem os invólucros em cima das caixas, pondo-as ao lado das garrafas de marafo.

Acenda as 7 velas negras pondo-as também ao lado das garrafas, de modo que, em círculo, fique disposto assim:

Uma garrafa de marafo, uma vela negra acesa, uma caixa de fósforos aberta, com o charuto sem o invólucro em cima, em 7 jogos que formam o círculo.

Depois de tudo pronto, chame o povo do cemitério (a pessoa deve estar completamente concentrada e ciente do que esta a pedir).

Chamado o povo do cemitério e oferecendo aquele trabalho com todas as forças concentradas, faça o pedido que quiser, sempre invocando o povo do cemitério e dizendo o nome de quem queira prejudicar ou influenciar.

Depois de tudo isto feito, ao sair do cemitério (saia de costas), peça ao povo do cemitério para ser atendido, indo embora para casa.

Não entre em casa com os sapatos, deixe-os à porta. Tome um banho e deite depois água e sal, do pescoço para baixo.

Toque de Lúcifer (contra inimigos V).

Ingredientes:
3 velas negras.

Instruções:
Acenda as 3 velas pretas á meia-noite e em fase de lua-minguante, repita 3 vezes o encantamentoe:

"Invoco a poderosa luz de Lúcifer,
espíritos, elementos, escutem-me,
os meus pensamentos ecoam no universo,
indicam agora o inimigo que não gosta de mim.
Que este golpe violento o quebre e enfraqueça,
das profundidades da noite, do mais fundo do abismo,
tudo é devolvido e retornado para cima do meu inimigo,
potências etéreas, vossa obscuridade invada a mente do meu inimigo,
Lúcifer, estrela da manhã, estrela brilhante,
toca o meu inimigo neste mesmo instante,
que seja invadido com o seu próprio mal,
pela lei do justo retorno.

Assim seja."

Durante todo o tempo do ritual, visualize a energia negativa que a outra pessoa lhe dirigiu a sair de si e regressar para ela. Veja este ritual como um justo retorno.

Quando o ritual estiver concluído deixe queimar as velas até ao fim, mas as sobras que ficarem enterre-as em local onde não passe por perto.

Vingança com retorno.

Ingredientes:
ossos de galinha.

Instruções:
Consiga ossos de galinha e faça-os secar ao sol durante alguns dias. Quando estiverem secos, concentre-se na pessoa que o prejudicou, segurando os ossos com toda a sua força na mão esquerda.
Pense em todo o mal que ela lhe fez, e afaste essa energia negativa dizendo 3 vezes o seguinte:

"Invoco os Grandes Antigos do grande abismo,
Para agir no karma de (dizer o nome da pessoa),
Invoco Pazuzu, deus do abismo, Senhor dos terrores.

Ossos do mal, ossos de (fulano), sente a tua própria dor,
a tua cólera recai sobre ti, os teus ossos ressentem a tua própria fúria,
o teu mal a ti regressa, pela lei do karma.

Assim seja."

Após isso coloque os ossos num saco e dirija-se ao sítio onde mora a pessoa em questão. Uma vez lá, despeje os ossos e o pó dos mesmos na propriedade e á volta da casa.

Para causar discórdia:

Ingredientes:
1 vela amarela, 1 incenso de pinho ou sândalo, um pouco de terra de cemitério (traga num frasco), 1 tecido amarelo quadrado.

Instruções:
Atenção, quando for ao cemitério recolher terra use luvas, não mexa com as mãos diretamente na terra. Ao entrar em casa retire os sapatos e deixe-os à entrada. Aliás, este ritual convém fazer fora de casa, não traga a má energia do cemitério para a habitação.

Acenda a vela e o incenso. Estenda o tecido amarelo e coloque sobre ele a terra. Envolva tudo e faça um pequeno saquinho com o tecido, passe-o pela chama da vela e pelo fumo do incenso. Diga:

"Invoco os espíritos do mal, para irem à casa de (fulano).
E, causarem lá discórdias e tormentas, que o lar de (fulano) se torne num inferno. Seja verão ou inverno.
Que assim seja".

Tente visitar essa pessoa e deixar o saquinho amarelo escondido lá. Caso não seja possível coloque-o num local onde a pessoa passe com regularidade.

Para causar discórdia II:

Ingredientes:
3 velas pretas, incenso de olíbano, uma pedra jade preta.

Instruções:
Numa noite de lua nova acenda as velas e o incenso. Esconda a jade preta na sala onde essa família costuma estar, diga:

"Loki, Loki, tu que gostas de semear a discórdia,
vem a este local onde poderás fazê-lo,
que nesta casa reinem as discussões, que o desentendimento, a

suspeição e a dúvida invadam, que discutam por tudo e por nada. Assim seja".

Evite depois ir a esse local, mesmo que algum dia o(a) convidem.

A magia, sobretudo, é mental. Quando faz um feitiço e mantém um sentimento de rancor e ódio ao seu inimigo, essa energia por si só é poderosa. Existem métodos curtos e simples de embruxar, pode por exemplo, enterrar a foto de uma pessoa no cemitério. Pode colocar a foto de uma pessoa num pequenino caixão de madeira e enterrar num cemitério, invocando o poder de Lúcifer para amaldiçoar.

Anular feitiço do seu adversário.

Se tiver a certeza que essa pessoa lhe desejou mal ou lhe fez um feitiço, faça este ritual para desmanchar tudo.

Ingredientes:
1 pequeno espelho de bolso, sem a cobertura de plástico (remova), fique apenas com o espelho, 1 foto da pessoa inimiga, sal grosso, vinagre.

Instruções:
Faça num local fora da sua casa. Numa noite de lua nova coloque o espelho no chão, sobre ele coloque a foto (com o rosto virado para o espelho). Coloque o pé esquerdo sobre o espelho e diga:

"Espelho sem luar, espelho de vidro que se quebrará, remove o véu diante de mim, e que se quebrem os malefícios desta alma impura. O vento que carrega as vozes carregará a sua alma, diante de mim ficará a sua força. Que todos os males se virem contra si, quando no chão cair o espelho da maldade".

Agora com o pé, pise o espelho várias vezes quebrando-o, calcando também a foto entre os estilhaços. Despeje um pouco de vinagre por cima dos estilhaços e ainda sal grosso.
Não volte mais a esse lugar.

Poderoso vodú contra os inimigos:

Itens:
Pano de linho de algodão (o suficiente para fazer dois bonecos), linha preta grossa, 5 alfinetes, caneta preta, 1 vela preta.

Instruções:
Realize numa noite de lua minguante. Os bonecos pode fazer em forma humana, coloque dentro alguns elementos como ervas, ou um pedaço de roupa da pessoa. Um dos bonecos representa si e outro representa o adversário (escreva o nome com caneta em cada boneco). Agora colocará o boneco do inimigo, e depois por trás coloca o seu (como se estivesse por trás a agarrá-lo pelo pescoço, a dominá-lo), amarre o fio desde as mãos do seu boneco até em volta do pescoço do outro boneco.

Imagine como se o seu boneco estivesse por trás do outro a enforcá-lo com uma corda. É essa a representação.

Acenda a vela preta.

Pegue o primeiro alfinete, espete na cabeça do boneco (do adversário) dizendo:

"Eu (o seu nome) te espeto, eu te amarro a (nome do inimigo), espeto o teu corpo e te domino".

Com o segundo alfinete, espete no peito do boneco e diga:

"Fulano (nome do inimigo) juro-te sob o poder de Satanás e de Lúcifer que, de hoje em diante, não hás de ter uma só hora de saúde".

O terceiro alfinete, espete no ventre:

" Fulano (nome dessa pessoa) juro-te sob o poder da bruxaria, de hoje em diante não terás uma só hora de sossego".

Quarto alfinete, espete numa das pernas, diga:

"Fulano (nome do inimigo), juro-te, sob o poder de Maria Padilha, ficarás possesso de todo o feitiço".

Quinto alfinete, espete num dos pés:

"Fulano (nome dele) prego-te e amarro-te, dos pés à cabeça, pelo poder da magia negra".

Guarde os bonecos onde ninguém mexa.

Existem variantes, pode fazer bonecos com algum tipo de massa de moldar, molde um dos bonecos a agarrar e dominar o outro. Deixe a massa secar. Quando quiser espetar um alfinete poderá inclusive pré aquecê-lo na chama da vela e então espetar no boneco.

Feitiços do livro de S. Cipriano

Compre uma vela em forma de crânio e escreva na testa o nome do inimigo que se deseja destruir. Acenda a vela e espere até que ela se derreta inteiramente, sempre imaginando que o que está à sua frente é a própria cabeça do inimigo.

Outro feitiço:
Queime a fotografia do seu inimigo dentro de um prato fundo até que fique reduzida a cinzas. Triture as cinzas até que virem pó e espalhe-se sobre um túmulo no cemitério, repetindo sem cessar os seguintes versos:

"Entrego essas cinzas a vós, espíritos adormecidos, invoco-os espíritos para que acordem! Tomem o que é vosso!
Espíritos do Diabo; ó figuras das sombras, levantem desse túmulo e venham ao meu auxílio!"

Outro:
Obtenha um pedaço de osso que tenha bastante carne colada nele. Enterre-o repetindo ao decorrer dos dias a seguinte maldição:

"Da mesma forma que os vermes vão roer toda a carne desse osso, comerão toda a carne que tiver junto dos ossos do meu inimigo (nome da pessoa). Até que nada mais reste do seu corpo sobre a terra."

Causar doença severa

Este feitiço só poderá ser praticado com todo o ódio possível.
Primeiro consiga um pouco de urina do seu inimigo(a).
Então pegue ovos de galinha caseira (não serve aqueles de aviário, de supermercado).
Vá à noite numa terça-feira ou num sábado a um campo distante aonde não possa ser interrompido.
Quando encontrar o lugar certo faça um furo no fundo de um dos ovos e despeje toda a clara deixando apenas a gema. Encha então o ovo com a urina da pessoa, grite o nome da vítima e feche o buraco com um pouco de cera derretida.
Enterre e volte para casa sem olhar para trás.
À medida que o ovo começar a apodrecer, a vítima terá icterícia, não havendo remédio para curá-lo, a não ser que o ovo seja desenterrado pelo feiticeiro.

Desejar a morte a alguém

Ingredientes:
1 papel com o nome da vítima, ou foto, um fio do rabo de um cavalo preto, um cadáver a ser velado.

Pegue o papel (ou foto) e enrole em canudinho com o fio do rabo do cavalo, enrole vários se puder, até cobrir totalmente o papel (ou foto). Aproxime-se de um cadáver que seja velado e sem que ninguém perceba introduza esse feitiço na cabeça através do ouvido.
Amaldiçoe a pessoa que quiser, diga que à medida que o cadáver apodrecer ele também apodrecerá.

Nota: na época antiga, de S. Cipriano, não existiam fotos, mas agora em tempos modernos podemos adaptar.

Sortilégio para separar duas pessoas.

Vá a um cemitério, quebre um ovo recém-colhido sobre uma sepultura e diga o seguinte:

"Eu te conjuro luminárias do céu e da terra, assim separe e dívida (nome do homem) da sua mulher (nome da mulher), e separe-os um do outro como a vida é separada da morte e o mar separado da terra, e a água do fogo, e a montanha do vale, e o dia da noite, e a luz da escuridão.
Faça-os desligarem-se um do outro, que não possam confortar-se, inesperada e rapidamente."

Para conseguir algo de uma pessoa.

Ingredientes:
Um objeto da pessoa, 1 vara de cipreste ou oliveira.

Instruções:
Pegue um objeto dessa pessoa, leve-o para uma praia à noite. Desenhe na areia uma cruz e coloque o item em cima da cruz.

Diga:

"Eu (o seu nome) vos esconjuro, ó espíritos, que sobre as ondas do mar andais ligados pelo poder do grande profeta Jonas. Jonas, que três dias e três noites andou pelo mar, perseguido pelos espíritos dos génios maus. Porém, Jonas, em nome do salvador vos ligou às ondas do mar, onde estais e só tendes o poder de ajudar os homens. Portanto, em nome do bem-aventurado Jonas vos ligo e vos esconjuro ao corpo de (nome da pessoa a embruxar), dentro de 24 horas me farei (fazer pedido)".

Com uma vara de cipreste, ou oliveira, bata 11 vezes no objeto.

Talismã para se tornar invencível

Ir à mata ou floresta num dia de lua cheia, numa sexta-feira, levando um lagarto vivo e amarrado (para este não fugir).

Chegando lá, chame os anjos do mal, invocando Lúcifer e, em seguida, com uma faca virgem mate o lagarto. Depois tire-lhe os olhos, levando-os para casa e deixando-os repousar num lenço preto por sete semanas. Decorrido esse tempo, abra o lenço, tire os olhos do lagarto, coloque num saquinho de couro e pendure ao pescoço. Nunca o perca.

Todos os seus pedidos para o mal serão sempre atendidos, sendo que cada vez deve segurar com a mão esquerda, invocando antes os anjos negros e o nome de Lúcifer.

Outro feitiço com lagarto.

Pegue um lagarto vivo, de lombo azul, e coloque-o num caldeirão de ferro tostando-o.

Logo que esteja bem seco, faça um pó e deite numa caixinha de madeira de sândalo.
A mulher ou homem que desejar cativar o coração de qualquer pessoa basta dar-lhe uma pitadinha deste pó, em vinho ou café, e terá uma pessoa sempre às suas ordens.

Para que uma pessoa revele coisas durante o sono.

Pegue o coração de um pombo e a cabeça de um sapo, e após bem secos e reduzidos a pó, coloque num saquinho (patuá) e adicione umas gotas de perfume de almíscar.

Deixe o saquinho debaixo do travesseiro dessa pessoa, quando estiver a dormir e, passando um quarto de hora, saber-se-á o que deseja descobrir (faça-lhe perguntas). Logo que a pessoa deixar de falar, ou após poucos minutos, tira-se lhe o saquinho debaixo do travesseiro.

Amarração amorosa:

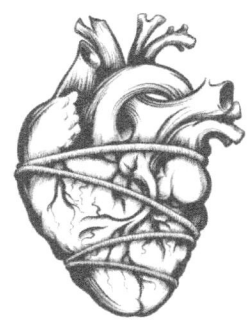

Poderia colocar no livro, os antigos feitiços de amarração, em que se coze a boca de um sapo na qual se inseria um papel ou foto da pessoa amada. O livro de S. Cipriano contém alguns feitiços desses, contudo não o faço. Por um motivo claro; esses feitiços causam sofrimento ao sapo, o qual dia após dia enfraquece com fome e dor, até morrer.
A energia da pessoa embruxada fica vinculada ao do sapo (que a representa) e isso pode ter efeitos adversos. A pessoa embruxada pode sentir-se ansiosa, instável e à beira da loucura, mesmo que fique ao seu lado numa relação, essa pessoa estará infeliz e as discussões serão constantes. Esta classe de bruxarias eram realizadas na época da idade média em que a compreensão das coisas e o *mindset* eram mais limitados.

Os feitiços de magia negra para amarração que partilho são diferentes. Compelem a pessoa amada a gostar de si, mas sem a dor ou sofrimento. São outro tipo de influência invisível e força compelidora, ou influência psíquica. Obviamente quanto mais vezes repetir e reforçar os ritos, melhor será.

Não vou mentir-lhe, não sou guru charlatão, nem curioso. Sou entendido. Portanto, estes feitiços manipulam o karma e as conexões kármicas que terá com a pessoa visada e ela para consigo, os efeitos duram alguns meses, assim terá de repetir os feitiços reenergizando-os.

Amarração com Xangó.

Xangó é o Orixá das trovoadas, da justiça e do fogo. Na Santeria cubana escreve-se Shangó.

Ingredientes:
1 coração de boi, um pano vermelho, fio vermelho, 1 ímã, mel, pó vermelho, 1 lápis, óleo atrativo (encontre em lojas esotéricas), raiz de valeriana, aguardente, 1 pergaminho, água de flor de laranjeira, 6 velas vermelhas.

Instruções:
Ofereça o coração (cru) a Xangó. Coloque-o num recipiente e mergulhado na aguardente, coloque por cima o pano vermelho tapando-o. Peça ajuda a Xangó.
O nome da pessoa a influenciar deve estar escrito no pergaminho, convém ser o nome completo e a data de nascimento também.
Enrole em formato de canudinho e coloque dentro do coração.
Os restantes ingredientes coloque também no interior do coração.

Segure o coração embrulhando-o no pano e amarrando com o fio vermelho.

Peça a Xangó que faça essa pessoa se enamorar (diga o nome da pessoa). Coloque o embrulho no altar. Acenda uma vela vermelha.

Durante 6 dias acenda sempre uma vela vermelha.

No último dia enterre o embrulho aos pés de uma grande árvore.

Quando o seu desejo for realizado ofereça um banquete a Xangó.

Amarração de magia negra

Ingredientes:
2 velas vermelhas, 6 velas negras, 1 taça com vinho tinto, um pequeno pão, uma corda pequena para dar 7 nós, incenso em cone, um objeto pessoal da pessoa a enfeitiçar, 1 pano vermelho, 1 pires.

Instruções:
Numa sexta-feira de lua cheia, faça o ritual num local escuro, apenas iluminado com a luz das velas. Faça um círculo com as 6 velas negras e acenda-as.

Coloque-se dentro do círculo com os itens: a taça, as 2 velas vermelhas, incenso, o pão. Segure as duas velas vermelhas, numa escreva o seu nome e na outra escreva o nome da amada, amarre-as dando sete nós. Elas simbolizam o casal unido. Acenda as velas e diga:

«*Poderosos espíritos que repousais nas trevas, poderosos espíritos ancestrais, invoco-vos. Espíritos poderosos, conjuro-vos. Sofro de amor, e procuro em vós assistência poderosa.
Olhai a minha desgraça, vinde a mim, que vos apelo.
Rogo a todas os principados, potencias, tronos e reinos, a quem conjuro com fé e temor.*»

Acenda o incenso em cone, no pires.

Prossiga:

«*Poderosos espíritos que repousais nas trevas, vinde a mim. Eis o incenso que é sopro de vida, e incenso é-vos agradável. Por assim ser, oferendo-vos o doce incenso, pois que ele vos é agradável.*»

Agora, beba a taça de vinho e diga:

«*Este é o sangue do meu amor. Por vós, poderosos espíritos, assim o tomo e bebo, e assim serei um com ele(a) [dizer o nome]. Ele(a) [pessoa amada] de mim jamais se conseguira desviar, a mim será atraída com os rios pelo mar, e o mar pelo luar.*»

Pegue um pedaço de pão e coma. Diga:

«*Este é o corpo do meu amor. Por vós, poderosos espíritos, assim o tomo e bebo, e assim serei um com ele(a) [dizer o nome]. Ele(a) [pessoa amada] de mim jamais se conseguira desviar, a mim será atraída com os rios pelo mar, e o mar pelo luar.*»

Coloque o objeto da pessoa, junto às velas vermelhas.

«*Eis quem devereis amarrar. Aceitai esta tarefa em nome do meu sacrifício, da minha dor e da minha submissão ao vosso poder.
Ide ter com [nome] e que ele(a) não coma, que não durma, que não*

encontre nem paz, nem sossego, nem rumo, até que volte para mim, e que assim para mim venha rapidamente.
Seja assim feita a minha vontade, e que essa seja a vossa vontade.
Nesta nova aliança me entrego e deposito toda a minha fé.»

Deixe as velas arderem até ao fim.

No dia seguinte pegue nos restos (e no objeto da pessoa amada) e embrulhe no pano vermelho. Guarde numa gaveta, até à sexta-feira da semana seguinte. Então nessa sexta-feira (decorridos os sete dias) leve o embrulho e enterre à meia-noite num cemitério, ou nas imediações deste. Dizendo:

«Espíritos dos mortos que cercais esta moradia eterna, ide até ele(a) e trazei-o(a) até mim, e que assim se cumpra esta poderosa maldição».

Amarração cigana:

Na primeira noite de lua cheia, saia fora de casa e diga olhando para a lua:

«Povo cigano, na força da lua cheia, dê me licença para fazer este ritual de amor. Com a ajuda de todos espíritos ciganos de luz com certeza terei êxito no meu ritual.»

Sob a luz da lua cheia, corte as unhas das suas mãos e pés, colocando-as num pote pequeno de barro. Coloque dentro do pote três colheres de sopa de álcool (tome cuidado para não se queimar, após colocar o álcool no pote, guarde o frasco de álcool longe do ritual). Erga o pote e mostre para a lua.

«Aqui estão reunidos os ingredientes do ritual, só me falta a força dos ciganos na vibração da lua cheia. Ciganos e ciganas derramem a vossa energia sobre este pote, para que eu consiga amarrar definitivamente (nome da pessoa amada) ao meu lado, com amor, carinho, desejo e paz.»

Coloque o pote no chão e coloque fogo nas unhas dizendo.

«No calor do fogo (nome da pessoa amada) você será amarrado.»

Após o fogo se apagar, com uma colher triture bem as sobras, passe numa peneira e guarde este pó.

A primeira vez que encontrar a pessoa coloque um pouco do pó na comida ou bebida desta, sem que perceba.

Jamais tome ou coma nada com este pó.

Feitiço de dominação:

Ingredientes:
um coração de papel vermelho, 1 vela negra, pétalas de rosa-vermelha, 1 agulha esterilizada, incenso, 1 pires.

Instruções:
Faça numa sexta-feira de noite, de preferência na lua nova. Escreva o nome da pessoa amada no coração, acenda a vela e o incenso.

Diga:

"Lilith, grande Mãe e Rainha,
tu que reinas sobre o desejo e a luxúria, estende-me a tua mão.
Dirige-me o teu eterno olhar, e ajuda-me a dominar (nome dessa pessoa).
Que venha aos meus pés a rastejar e com submissão.
Concede-me este favor, pelo meu sangue ligo-me a ti.".

Com a agulha pique o seu polegar esquerdo, deixe pingar 3 gotas de sangue sobre o coração de papel. Coloque-o sobre a chama da vela e diga:

"Pelo poder do sangue, pelo poder do fogo,
que a magia surta o seu efeito. Fulano(a) (nome) vais sentir atração.
Vais sentir o gosto do meu leito.
Não terás outra opção, senão ficares na minha mão."

O coração de papel e as pétalas devem arder, num pires. Olhe atentamente as chamas e diga:

"Bate por mim, coração mortal.
Vem a mim, pelo bem ou pelo mal.
Deseja-me com toda a tua alma.
Sonha comigo enquanto a noite desce,
vem para mim, quero-te na minha palma, que nada te retenha,
pois é a mim pertences.
Que assim seja".

As cinzas, sopre-as depois ao vento.

Poderosa amarração Pomba Gira:

Itens:
1 Vela vermelha, 1 cêntimo por cada ano da sua idade, 1 estatueta ou imagem da pomba gira, 1 pires, 1 pedaço de papiro virgem, 1 lenço vermelho novo, esperma do homem desejado, 1 cálice de whisky, 7 rosas-vermelhas.

Instruções:
Antes de fazer esse feitiço, tenha relações sexuais com o homem que deseja amarrar, no final das relações sexuais vá à casa-de-banho e com um lenço vermelho recolha o esperma e líquido vaginal misturados, que saem.

Este feitiço só serve para mulheres fazerem.

Faça o feitiço numa sexta-feira pelas 11h00.

Esculpir o seu nome na vela vermelha.

Escreva o nome do homem no papiro, com tinta vermelha, colocando depois o papiro do pires. Use o pano onde os fluidos sexuais da relação anterior forma depositados, para esfregar a vela e assim ungir a vela. Ungida a vela com os fluidos sexuais, acender a vela e proceder de forma a que gotas da cera derretida da mesma vão caindo sobre o papiro que se encontra no pires.

Recitar:

«Esse é o teu nome, (dizer o nome)»

*«Sobre ti deposito o meu amor, e o selo da luxúria. Invoco-te, espírito feminino poderoso de Pomba Gira, para que te fazeis representar nesta chama que arde em teu nome. Deposita a tua ardência neste nome, e fá-lo vergar.
Sobre ti, (dizer nome dele), reside o poder de um feminino espírito forte e eterno.
Assim será o resto dos teus dias, sobre os meus pés, sob a minha vontade.»*

Assim feito, coloque a vela diante da imagem de pomba gira, e deixe a vela arder até ao fim.

Estando a vela ardida, coloque os restos das velas e o papiro na bolsa de seda vermelha. Ali deverá também depositar o pano vermelho com os fluidos sexuais e todas as moedas. Feche a bolsa.

As moedas devem ser dedicadas a Pomba Gira, bem como os fluidos do homem que foram envoltos na bolsa de seda.

Ao fazê-lo, diga:

*«Espírito de amor, este é o homem, este deverá vir a mim rapidamente.
Por cada ano que tenho, cada chicotada lhe seja vergada, e cada quebrada mansidão lhe seja na alma cravejada. Louvada sejas»*

Beba de uma só vez um gole de whisky, diga:

«Espírito poderoso, contigo partilho a minha dor, o meu desejo e o meu amor. Faz por mim, tudo o que fosse por ti»

Enterre a bolsinha numa encruzilhada, ás 24h00 dessa mesma sexta-feira. Deverá a bolsa ser disposta de forma a que jamais alguém a possa encontrar. Sobre o local onde a bolsa for enterrada, 7 rosas vermelhas devem ficar.

Ritual da teia de aranha

Ingredientes:
1 vela preta, incenso de mirra, 1 folha de pergaminho, caneta de tinta preta, 1 teia de aranha, 1 agulha esterilizada, 1 caixinha de madeira preta.

Instruções:
Note que a teia de aranha tem de ser apanhada no próprio momento que for colocar sobre o pergaminho, tente não desmanchá-la. A caixinha de madeira pode comprar em lojas de artesanato e pinte-a de preto. O ideal seria um caixão de madeira miniatura (réplica), pode encontrar no *eBay* ou em lojas de decoração de *Halloween*, por exemplo (lojas esotéricas também vendem).

Fazer o feitiço numa noite de lua nova. Acenda a vela e o incenso, que deve oferecer a Lilith ou a Lúcifer. No pergaminho desenhe o símbolo/sigilo da divindade que escolheu. Escreva também o nome e data de nascimento da pessoa a enfeitiçar.

Coloque a teia de aranha sobre o pergaminho, imagine a pessoa a ser "presa" a si e dominada por si, diga:

*"Face à teia, tu serás fraco,
nos teus passos às cegas agirás,
mas sempre avançarás,
preso na teia a mim te renderás,
do poder do meu mestre (dizer o nome da entidade) não escaparás.
Que a minha vontade seja feita.".*

Com a agulha pique o seu dedo mindinho esquerdo e pingue algumas gotas em cima do papiro. Guarde-o na caixinha preta.

Agradeça a Lúcifer, ou a Lilith. Apague a vela e o incenso. A caixinha (ou caixão miniatura) guarde num lugar escuro onde ninguém encontre.

No mês seguinte, na mesma fase lunar, pode reacender a vela e repetir o ritual.
Para isso, abrindo a caixinha, colocando uma nova teia de aranha, pingando umas gotas de sangue novamente sobre o pergaminho e dizendo a oração.

Amarração egípcia:

Faça uma figura de cera ou barro, de acordo com o sexo da pessoa a ser dominada. A figura deve estar de joelhos e com os braços para trás, contendo gravado o nome da pessoa em questão.

Ingredientes:
Incenso *Kyphi*; 3 velas nas cores do Egito: vermelha, branca e preta; toalha vermelha; pano e fita vermelhos, 13 alfinetes.

Instruções:
O ritual faz-se na terça-feira de lua crescente e mais duas terças.

Acenda o *kyphi*. Acenda as velas dispostas em triângulo. Passe a figura de cera pelo fumo.

Segure a figura de cera com ambas as mãos, acima da cabeça, dizendo:

"Eu, (o seu nome completo), submeto (pessoa desejada) à minha vontade e ao meu desejo, pelo poder de Rá, Mut, Nut, Khnum, Ptah, Nephthys, Nekhbet, Sobek, Sekhment, Sokar, Selket, Reshpu, Wadjet, Anubis, Anukis, Seshmu, Meshkent, Hemsut, Tefnut, Heket, Mafdet."

Insira 13 alfinetes na figura:

1 na testa, dizendo:

"Penetro a mente de (nome)"

2 nas orelhas, 2 nos olhos, 1 na boca, 2 abaixo do peito, 1 em cada mão, 2 no genital e ânus, e 2 nas solas dos pés, dizendo:

"Penetro a (dizer a parte do corpo) de (pessoa desejada), que ela só possa pensar em mim, (o seu nome)."

Deixe a figura de cera no meio do triângulo composto pelas velas, até que terminem de queimar. Então embrulhe a figura de cera no pano, amarre com a fita, ponha-a em um pote de barro e enterre no seu jardim ou canteiro.

Amarração estilo Vodú de Nova Orleans:

Itens:
Boneco de pano branco (deve ser feito por si, com retalho de camisa ou peça íntima da pessoa amada. Na falta disso, use um boneco comprado em loja esotérica, que antes será submerso em água com sal grosso e secado a sombra, para neutralizar a memória energética que traz consigo). Fita rosa na medida da sua altura. Pelos, cabelos, aparas de unhas; algo que tenha seja da pessoa amada.

Recheio do boneco:
Folhas de comigo-ninguém-pode (*Dieffenbachia seguine*), pétalas de rosa cor-de-rosa, arruda macho ou fêmea (conforme o sexo da pessoa amada), erva carrapicho/carrapateira, erva-doce. Tudo seco, pode ser moído.

Foto 3x4 da pessoa amada (para colar na cabeça do boneco; opcional). Ponto riscado (*vevê*) de Erzulie Freda, deusa vodu do amor (imprima ou risque com pemba rosa). Agulha de cabeça rosa, 3 velas votivas: rosa, azul clara e dourada.

Recheie o boneco com as ervas e o material biológico da pessoa amada. Cole a foto. Batize o boneco com água benta, com o dedo indicador molhado:

"Em nome de Deus Pai (cruz, na cabeça), em nome do Filho (cruz, no peito) e em nome do Espírito Santo (cruz à direita e esquerda do boneco), eu te batizo (nome do amor). Tu não és boneco, tu és o espírito vivo, corpo, alma, cinco sentidos,
natureza viva e cérebro de (nome).
Assim seja".

Espete a agulha na área do coração, dizendo:
"Só a mim, (o seu nome), dedicarás o teu amor, carinho e fidelidade, nesta vida, a partir de agora".

Envolva o boneco com a fita, da cabeça aos pés, dizendo:
"(Fulano), doravante estás ligado a mim, nesta vida, pelo poder de Erzulie".

Finalize com 3 nós, fazendo o seu pedido. Ponha o boneco sobre o ponto de Erzulie (se não for riscado e sim impresso, ponha sobre tecido rosa), com as velas acesas na cabeceira (a rosa no meio). Para agradar mais a Erzulie, borrife essência de rosas no ambiente e sirva ao lado uma taça de champanhe. Diariamente, reafirme os seus pedidos. Após as velas apagarem guarde o boneco bem escondido no seu quarto.

Amarração de Maria Mulambo:

Ingredientes:

500g de farinha de acarajé, 1 panela pequena, 1 prato de barro (20 cm de diâmetro), papel branco sem linhas, 1 lápis, mel, azeite de dendê, 7 velas vermelhas, champanhe.

O azeite de dendê age como condensador das energias.

Instruções:
Cozinhe a farinha de acarajé com água até engrossar. Deixar amornar. Faça uma bola, enrolando a massa com as mãos. Coloque a bola no centro do prato de barro e faça um furo no meio desta. Escreva 7 vezes no papel o nome da pessoa amada e 7 vezes o seu nome por cima do dele(a).

Dobre o papel 7 vezes e coloque dentro do furo que fez na bola. Coloque o mel por cima, depois o dendê. Acenda as 7 velas vermelhas ao redor da bola, fazendo um círculo. Cada vela que acender, peça o axé de Maria Mulambo.

Peça que ela amarre a pessoa amada e a traga para si, doce, apaixonado(a), fiel, carinhoso(a), etc.

Deposite numa encruzilhada, com uma taça de champanhe do lado para agradar a Maria Mulambo.

Amarração Sexual:

Ingredientes:
O seu fluido sexual, mel, canela em pau, foto da pessoa amada de corpo inteiro, foto sua de corpo inteiro, 1 chávena.

Instruções:
Misture uma colher de mel (pequena) com o seu fluido sexual numa chávena usando a canela em pau para mexer. Com a canela, aplique um pouco da mistura sobre a foto do ser amado, na área genital, dizendo:

"O poder do amor, o poder da paixão, atrai (nome completo do ser amado) à minha casa. Tu, (nome completo do ser amado), sentes-te bem aqui (vá para a soleira da porta de entrada e aplique um pouco da mistura aí).
Tu és bem-vindo(a) aqui, aqui tens tudo o que queres.
Estás fadado(a) a viver comigo, a seres ligado a mim.
A tua paixão está aqui, a tua vida está aqui.
Sofrerás e serás infeliz enquanto não viveres comigo.
As minhas palavras são fortes e trazem-me (nome completo do ser amado); as minhas palavras são a lei".

Então dobre a fotografia do ser amado com a face para dentro e ponha debaixo da soleira da porta. Aplique a mistura restante na área genital da sua foto e diga:

"Do jeito que me amas, (nome do ser amado),
derrama o teu sémen em mim (ou fluído vaginal).
A tua paixão cresce, puxando para mim (nome do ser amado), deseja-me como nunca quiseste a ninguém.
A minha imagem é tudo, no espelho e na água, no ar e na terra, dia e noite; as minhas palavras amarram-te a mim e nenhum santo ou demónio pode desatá-lo.
Assim seja".

Esconda a sua foto debaixo da soleira da porta ou perto da casa do ser amado.

Amarração do Mago Aznaturas:

O Mago Aznaturas, em 1548, pouco antes da sua morte, elaborou um ritual de amarração, que segue:

Deve ser feita numa sexta-feira de lua cheia, num mês ímpar do ano, iniciada às 21h00 em ponto, sob a luz de sete velas pretas.

Inicialmente, faça duas figuras de cera (parafina ou cera de abelha), ainda que rudimentares, representando um homem e uma mulher. Se é um homem e quer dominar uma mulher, a figura dela deverá estar ajoelhada e com as mãos para trás.

Se for mulher e quiser dominar um homem, a figura dele deverá estar como mencionado, de joelhos e com as mãos para trás.

Nos dois bonecos acrescente elementos reais: fios de cabelo, unhas, uma roupa improvisada com um retalho tirado de uma roupa velha, etc.

Antes de vestir a figura ajoelhada, grave com uma agulha a seguinte palavra nas suas costas: *Gamaché*.

Pegue um carretel de linha preta e comece a enrolá-la no boneco ajoelhado, iniciando pela cabeça. Diga o seguinte, enquanto faz isso:

"Eu te amarro assim, para nunca fugires de mim."

Quando terminar de enrolar todo o carretel de linha preta no boneco, pegue um outro e vá prendendo os dois bonecos, um ao outro, enrolando a linha nos dois, até ao final. Quando terminar, apague as sete velas e leve tudo para um local bem amplo e aberto.

Acenda as velas formando um círculo, abra um buraco e acomode os bonecos no interior.

Faça, então, a seguinte Oração:

"Pelos poderes da Terra, pela presença do Fogo, pela inspiração do Ar, pelas virtudes da Água, invoco e conjuro Layzel, Raghaz, Phallas Demodeus e Marithym de Meneluz, pela força dos corações sagrados e das lágrimas derramadas por amor, para que se dirijam à rua… (citar), na casa… (citar), onde está… (citar a pessoa), trazendo o seu espírito até mim, amarrando-o definitivamente ao meu.

Que esse espírito se banhe na essência do meu amor e me devolva amor em dobro.

Que jamais deseje outro(a) e que o seu corpo apenas a mim pertença.

Que não beba, não coma, não fale, não ouça, não cheire e não veja a não ser na minha presença, pois se não fizer isso, a terra se abrirá e a natureza estremecerá.

Que os meus grilhões a(o) prendam para sempre, pelos poderes desta oração."

Em seguida, enterre os dois bonecos e espete as velas no local onde eles foram enterrados. Espere alguns minutos, até sentir a presença da outra pessoa. Só então vá embora.

Amarração com Maria Quitéria

Esta pomba gira Maria Quitéria resolve os assuntos de amor.

Ingredientes:
1 espiga de milho, um pote de barro, um pote de mel, 7 cigarrilhas, 1 vela branca, um papel, 1 garrafa de cachaça.

Instruções:
Deverá torrar um pouco a maçaroca de milho. No pote coloque um papel com 7 vezes o nome da pessoa amada e 7 vezes o seu nome (escrito por cima e cruzado), despeje mel por cima desse papel.
Coloque a maçaroca de milho no pote também.
Siga para um bosque e enterre esse pote perto de uma árvore frondosa.
Acenda a vela no local, como oferenda, deixe ainda as cigarrilhas (uma delas acesa), tenha atenção para ter terra em redor sem vegetação (para não haver incêndio).
A garrafa de cachaça pode abrir, despeje um pouco no chão, deixe o restante na garrafa como oferenda.
Vá embora.

No dia seguinte pode ir recolher os vestígios (para não poluir a floresta), pois a pomba gira já absorveu as energias etéreas de todos os elementos.

Amarração com pedido às almas

Ingredientes:
3 pães pequeninos, 3 moedas de 50 cêntimos, 3 copos de plástico descartáveis, 6 papeis pequenos com o nome da pessoa amada, 3 velas brancas.

Instruções:
Numa segunda-feira, pegue os pães e ponha as três moedas embrulhadas em três papéis com os nomes e os três papéis restantes, colocar nos copinhos. Vá ao cruzeiro das almas num cemitério, arrume os pães já recheados com as moedas, os copinhos, as velas, ofereça às três almas que morreram queimadas e diga:

" *Já trouxe a luz, os alimentos e já paguei.*
Quando (pessoa amada) vier procurar-me, trago a água".

Faça esse ritual por sete segundas-feiras consecutivas e não esqueça de levar a água quando der resultado.

PS: os cruzeiros das almas são uma grande cruz no cemitério. Costumam ficar em região estratégica, normalmente na parte central e dividem os quadrantes do local.

Chefiados por Exú Rei dos Sete Cruzeiros e Pomba Gira Rainha dos Sete Cruzeiros, ambos governam todas as passagens das entidades que trabalham nos cruzeiros. As entidades deste reino são solicitadas para proteção, cura, defesa, mas também para trazer doenças, acidentes, assassinatos e outros.

Amarração com coração de boi II:

Ingredientes:
1 coração de boi, mel, 1 fita vermelha, 1 punhado de alfazema em grãos, 1 papel.

Instruções:
Faça um corte no centro do coração e diga:

"Abro assim o coração de (pessoa amada)".

Coloque o nome da pessoa dentro do coração, amarre com a fita, cozinhe em água e mel, escorra a água após cozido e complete com o resto do mel e a alfazema. Entregue num jardim para a Pomba Gira Cigana.

Amarração com sal grosso:

Numa sexta-feira, faça um círculo pequeno no chão com um pouco de sal grosso.

Enquanto derrama o sal, diga:

*"No círculo que faço, na roda que te fecho!
No sal que te acorrento, com o teu amor só para mim!"*

Depois, num pedaço de papel branco, escreva o nome dessa pessoa e coloque no centro do círculo, dizendo:

*"Se prendo o teu nome, prendo os teus olhos.
Se prendo o teu nome, prendo a tua boca.
Se prendo o teu nome, prendo o teu olhar.
Se prendo o teu nome, prendo o teu coração.
Se prendo o teu nome, prendo o teu desejo.
Se prendo o teu nome, prendo a tua alma."*

Depois, coloque o sal e o papel num saquinho de plástico e enterre num local onde não possa ser descoberto.

Feitiço africano para mulher amansar o homem

Ingredientes:
1 vela vermelha, 1 cêntimo por cada ano que você tem, 1 estatueta de Pomba Gira, 1 pires, 1 pergaminho virgem, 1 pano vermelho novo, 1 bolsinha de seda vermelha, 1 copo de whisky, 7 rosas-vermelhas, deverá recolher esperma de um homem com quem teve relações.

Instruções:
Faça numa sexta-feira às 11h00.

Antes de começar a bruxaria, alcance um êxtase sexual com outro homem.
Limpe-se, conservando num pano vermelho todos os fluidos sexuais que resultaram do ato. A mistura dos seus fluidos, com o sémen de outro homem, deve ser conservada nesse pano. Havendo-se usado na relação sexual um preservativo, logo após o ato deverá limpar-se no pano vermelho virgem, depositando depois no pano o esperma do homem, misturando assim as essências de ambos no tecido.

Grave o seu nome na vela vermelha.

Escreva o nome do homem no pergaminho, com tinta vermelha, colocando depois o papiro do pires. Use o pano onde os fluidos sexuais da relação foram depositados, para ungir a vela. Ungida a vela com os fluidos sexuais, acenda-a vela e proceda para que gotas da cera derretida vão caindo sobre o pergaminho.

Recite:

"Esse é o teu nome, (nome do homem a embruxar),
sobre ti, deposito o meu amor, e o selo da luxúria de outro amante.
Invoco-te, espírito feminino poderoso de Pomba Gira, para que te fazeis representar nesta chama que arde em teu nome.
Deposita a tua ardência neste nome, e fá-lo vergar.
Sobre ti, (nome do alvo), reside o poder de um feminino espírito forte e eterno, junto com a tua humilhação na forma de quem me amou.

Assim será o resto dos teus dias, sob os meus pés, sob a minha vontade."

Assim feito, coloque a vela diante da figura de Pomba gira, e deixe a vela arder até ao fim.

Após a vela se consumir, coloque os restos e o papiro na bolsinha de seda vermelha. Ali deverá também depositar o pano vermelho com os fluidos sexuais e todas as moedas. Feche a bolsinha. As moedas devem ser dedicadas a Pomba gira, bem como os fluidos de homem que foram envoltos na bolsinha de seda. Ao fazê-lo, diga:

«Espírito de amor, este é o homem (dizer nome), este deverá vir a mim rapidamente.
Por cada ano que tenho, cada chicotada lhe seja vergada, e cada quebrada mansidão lhe seja na alma cravejada.
Louvada sejas»

Beba de uma vez um gole de whisky, e prossiga:

«Espírito poderoso, contigo partilho a minha dor,
o meu desejo e o meu amor. Faz por mim, tudo o que fosse por ti»

Enterre a bolsinha numa encruzilhada, ás 24h00 dessa mesma sexta-feira.
Deverá a bolsa ser disposta de forma a que jamais alguém a possa encontrar. Sobre o local onde for enterrada deixe ainda 7 rosas-vermelhas.

Forçar a pessoa amada a voltar:

Ingredientes:
5 velas negras; 1 fotografia da pessoa amada; 1 peça de roupa íntima dela; 1 cruz de ouro ou prata (fio); 1 copo de cristal; 1 colherada de açúcar; água de fonte; 1 alguidar.

Instruções:
Faça o ritual uma sexta-feira, em fase de lua crescente. Pegue no alguidar e coloque nele a água de fonte, depois coloque os objetos dentro (o fio de prata, a peça de roupa íntima, a foto, o copo e o açúcar).

Acenda as velas e diga:

"Espíritos do amor, atendei ao meu pedido,
pelo fogo destas velas, eu peço-vos que acendam um ardente amor por mim no coração de (nome da pessoa),
façam ele(a) para mim voltar, que aqui é o seu lugar,
que a indiferença que sentia por mim se transforme em paixão,
que a frieza que sentia por mim, se transforme em tesão,
que a falta de interesse se transforme em obsessão,
Bons espíritos do amor, façam nascer em (nome dessa pessoa), amor e compreensão, desejo e paixão, interesse sexual e tesão,
que se entregue a mim sem mais demoras.
Que não consiga passar mais um segundo sem estar ao meu lado,
que assim seja, que assim se cumpra."

Deixe queimar as velas até ao fim. Retire todos os objetos da água e guarde-os.
Deite a água numa planta florida.

No próximo ciclo lunar (passados cerca de 28 dias), novamente em lua crescente, repita o ritual, com os mesmos objetos que guardou (só precisa de ter novas velas e água de fonte). E assim sucessivamente até que a pessoa em questão volte.

Ritual Africano II.

Para recuperar a pessoa amada.

Ingredientes:
2 velas roxas, foto sua e da pessoa amada tipo passe (separadas), 18 agulhas novas, melaço, água de rosas.

Instruções:
Comece por untar as duas fotos com um pouco de melaço, reservando o resto do melaço. Então, pendure as duas fotos (uma em cada vela) com 9 agulhas sobre cada fotografia.
Acenda as velas (primeiro aquela onde está a sua foto) e depois a outra vela (da pessoa amada). Quando a chama chegar perto da foto do rosto da pessoa, apague as duas velas e reserve-as debaixo da cama. Essa pessoa irá sentir saudades suas.
Após o regresso da pessoa, ou um reencontro fulcral, espalhe um pouco de melaço diluído em água de rosas na sua nuca, no peito e nas virilhas.
A paixão voltará com intensidade.

Prender duas pessoas para sempre.

Ingredientes:
1 garrafa de vidro vermelha (pode pintá-la com tinta acrílica), 31 pétalas de rosa-vermelha, pó de mandrágora, 3 velas vermelhas, 3 incensos em vareta (*musk*, *patchouli* ou âmbar). Álcool etílico, 9 alfinetes, 9 fios de linha preta.

Instruções:
Comece por acender as velas e os incensos. Coloque as fotos na garrafa, faça entrar algum fumo das varetas de incenso para a garrafa.

Agite a garrafa e diga:

*"Pelo poder de Lilith e dos espíritos da noite,
que estes dois corações fiquem amarrados e que os seus olhos não vejam mais ninguém".*

Deite um pouco de álcool dentro da garrafa e em seguida as pétalas, as linhas pretas e os alfinetes. Agite novamente a garrafa e diga:

"Pelo poder das rosas e dos espíritos da noite,
que aqui fiquem retidos os amores de (os vossos nomes)...
Que, pelo poder da mandrágora, serão enfeitiçados e pelo poder do amor serão presos um ao outro eternamente".

Por fim, deite na garrafa pó de mandrágora, agite-a, diga 9 vezes os vossos nomes. Sele a garrafa com rolha e cera das velas. Enterre-a perto da casa da pessoa amada. Vá uma vez por mês a esse local e deposite algumas pétalas de rosa-vermelha misturadas com pó de raiz de mandrágora, para que os espíritos se mantenham ativos.

Feitiço forte, pessoa voltar:

Ingredientes:
Foto da pessoa amada, 1 vela roxa, um palito de dentes, fósforo, um pires novo, sabonete de alecrim.

Instruções:
Numa noite de lua cheia, abra a janela do local onde vai fazer este conjuro. Lave as mãos com sabonete de alecrim em barra (vendido em farmácias). Pegue o palito e escreva o seu desejo na vela, no sentido do pavio para a base.

Acenda a vela e aqueça as palmas das mãos nela, reforçando o seu pedido.
Depois, pegue a foto e diga o conjuro:

"Com dois eu te vejo,
com cinco eu te ato.

O teu sangue eu bebo,
o coração arrebato.

*Não dispenso sorrisos, e a tua boca tapo,
o teu coração eu ato e te ato e te reato,
e volto a reatar*

*Nem comer, nem beber, poderás
Nem amar, nem desamar, nem em campo verde estar,
nem em campo seco folgar,
nem com viúva, nem com casada
nem com solteira amada
ao afeto chegará
que aqui, diante dos meus olhos
venhas atado, conjurado
a querer-me amar*

*Com todo amor que tenhas,
Que venhas, que venhas, que venhas."*

Pegue a foto e durma com ela debaixo do seu travesseiro por três noites.

Feitiçaria das Malvas.

Ir a um cemitério e colher três pés de malva, guarde-os debaixo do colchão da cama, ao deitar-se diga:

"Fulano(a) (nome da pessoa amada), assim como estas malvas foram colhidas no cemitério e debaixo de mim estão guardadas, assim tu a mim estarás preso(a) pelo poder de Lúcifer. Somente quando os corpos do cemitério, de onde vieram estas malvas, falarem, me hás de deixar."

Causar infidelidades a um casal.

Ingredientes:
1 vareta de incenso de canela, 1 vela vermelha, 1 vela negra, 1 vela branca, óleo essencial de rosas, 1 boneca de trapo simbolizando uma mulher, 1 boneco de trapo representando o homem, caneta de tinta preta, 1 tecido preto quadrado, 1 caixa vermelha (pode pintá-la dessa cor).

Instruções:
Acenda o incenso e invoque os espíritos da luxúria:

"Espíritos de luxúria, espíritos da tentação,
espíritos da infidelidade, espíritos da depravação,
nesta hora vos invoco, para que atendeis o meu pedido:
Para que fulano e fulana (nomes) sejam infiéis um ao outro.
Para encontrarem o prazer carnal com outras pessoas."

Coloque a vela preta à sua frente e acenda-a. Coloque a vela vermelha à sua esquerda. Disponha a vela branca à sua direita.

Acenda agora a vela vermelha e a branca. Acenda as velas com fósforos e com a sua mão esquerda.

Pegue no tecido preto e ponha-o à sua frente, deixe-lhe cair em cima gotas de óleo essencial de rosas, até ficar bem embebido. Passe o tecido preto por cima da chama da vela vermelha e depois por cima da chama da vela branca, e coloque-o no centro do triângulo formado pelas velas.

Pegue nos bonecos e escreva neles com a tinta preta os nomes completos do casal, se souber.

Pegue num dos bonecos com a sua mão esquerda, passe-o por cima da chama da vela vermelha e depois por cima da chama da vela branca, diga 2 vezes o seguinte:

"Fulano estás possuído, pelos espíritos da luxúria e da depravação,
pelos espíritos da infidelidade e da tentação,

*a eles não podes, nem queres resistir,
da fidelidade tens de desistir.*

E enquanto viveres com fulana, a vossa vida será uma constante traição. Que assim seja."

Coloque o boneco no centro do pano preto.

Repita agora este feitiço com a outra boneca, de igual forma.

Apague a vela vermelha e em seguida a branca.

Agora repita o ritual pegando nos dois bonecos em simultâneo, passe-os pela chama da vela preta.

Tenha sempre presente a imagem das pessoas que embruxou.

Apague a vela negra.

Agradeça aos espíritos a sua presença e peça-lhes brevidade na realização da missão que lhes pediu. Enrole os bonecos no tecido, mas de modo que fiquem separados, e guarde tudo na caixa, em local secreto.

Para amansar o marido.

Se o seu marido costuma sair de noite para os bares, sempre na ramboia, faça este feitiço para o amansar.

Ingredientes:
7 carvões pequenos litúrgicos, 7 cascas de laranja (meio secas), 7 cascas de limão, 1 pouco de pó de mandrágora, 1 foto dele, 1 pote de barro.

Instruções:
Numa noite de lua minguante, acenda os carvões no pote. Em seguida deite o pó de mandrágora por cima e depois as cascas do limão e da laranja. Passe a foto dele pelo fumo 9 vezes (enquanto as cascas estalam) e diga:

"Acalma-te homem! Não hás mais de querer sair. O teu lugar é perto de mim".

Depois deite água sobre o carvão, vá numa encruzilhada e enterre o pote com todos os ingredientes (exceto a foto). A foto dele deverá usar sempre na sua carteira, com uma foto sua (rosto com rosto).

Para pessoa só desejar a si.

Ingredientes:
1 toalha vermelha, 2 suportes de vela, 1 vela vermelha, 1 vela preta, 1 foto da pessoa amada, 2 papéis com o nome de cada um, 1 incenso de rosa, 1 mesa para o altar.

Instruções:
Faça o feitiço numa sexta-feira com a lua em quarto crescente. Cubra a mesa com a toalha vermelha. À esquerda, no altar, coloque o castiçal com a vela preta, à direita coloque a vela vermelha. No centro coloque a foto. Rodeie a foto com os 2 papéis, um de cada lado. Acenda as velas. Feche os olhos e visualize a pessoa amada. Acenda o incenso e repita sete vezes:

"Nades! Suradis! Manimer!
Eu invoco-Vos, ó espíritos da luxúria e desejo carnal, pelo poder destas palavras eu chamo-Vos. Pelo poder das palavras: Sader, Prostas, Solaster, eu comando-vos, para que façam crescer a chama ardente do amor e o desejo em (nome da pessoa amada).
Que ele(a) não deseje mais ninguém a não ser a mim".

Está feito.

Para atrair uma pessoa.

Ingredientes:
1 foto dessa pessoa a sorrir, 1 pregos finos de aço, martelo, 1 tigela com água e mel, 1 cuequinha íntima sua.

Instruções:
Numa sexta-feira de lua cheia, pegue a tigela e coloque água e mel, a foto dentro, depois coloque dentro dela a sua cuequinha. Deixe ao relento (sereno) durante a noite. No dia seguinte, pela manhã, remova a fotografia e deverá prega-la numa árvore (um prego em cada canto) e o rosto da foto virado para o tronco.

A cuequinha, poderá usar quando for encontrar-se com a pessoa amada.

Perfume da fidelidade.

Feitiço cigano que mantém a pessoa amada sempre fiel a si.

Ingredientes:
1 frasco de água de rosas, 1 foto da pessoa amada, 1 frasquinho com óleo essencial a partir da destilação de raiz de mandrágora. Pode adquirir raiz de mandrágora em lojas esotéricas.

Instruções:
Misture os dois líquidos num só frasco, numa sexta-feira à meia-noite, salpique umas gotas na foto da pessoa amada. Deixe a foto ao relento e o frasco também. No dia seguinte, antes do sol nascer, recolha ambos os objetos. Coloque a foto dentro da sua almofada (onde deverá ficar 28 dias, um ciclo lunar).

Quando for ter relações sexuais com a pessoa amada, esfregue a zona da cintura e a parte interior das coxas com o perfume. Os efeitos serão duradouros.

Chá do pintelho.

Este é um antigo feitiço popular, tanto usado no Brasil como em Portugal, desde há séculos atrás. No Brasil o termo certo creio que é "pentelho" em Portugal dizemos "pintelho", ou pelo púbico.

As mulheres costumavam preparar um chá para amarrar sexualmente o marido, utilizando pelos públicos na fervura da água, ou então, um pouco de sangue menstrual. Na culinária magista também, por vezes, colocavam umas gotas de sangue menstrual.

Existem variações do feitiço, deixo esta:

A mulher, de manhã quando acordar, deverá despir a sua cuequinha (que tem odor sexual e algum fluido), deverá ferver água num tacho, juntar a cuequinha nessa água.

Adicione algumas folhas para o chá, (pode ser bela-luiza, cidreira, flor-de-laranjeira, tomilho, etc.). Se quiser adicione pelos púbicos também. Um pau de canela também confere um sabor agradável.

Após ferver apague o lume, passe essa água num coador (para o líquido sair limpo, para uma chávena). Ofereça à pessoa amada o chá (você não deve beber desse chá).
Para que a pessoa amada não desconfie de si, faça outro chá diferente para si e beba esse.

Algumas mulheres fazem café de filtro (café em pó, colocado num filtro de pano), mas substituem o pano por uma cuequinha usada.

Homens também podem fazer um chá idêntico, embora nenhum outro livro mencione isso. Estamos no século 21 e há que inovar. Faça um chá com umas *boxers* suas na fervura, algumas gotas da sua urina no chá.

Cofre do amor

Ingredientes:
1 foto da pessoa a ser embruxada, 1 vela vermelha, 1 vela laranja, 1 vela amarela, 1 pano verde, 1 caixinha de madeira com fechadura ou mini cadeado, areia húmida, incenso de canela.

Instruções:
Faça o feitiço numa noite de lua nova, antes do pôr-do-sol. Use uma mesa como altar e cubra-a com o pano verde. Fique completamente despido(a). Coloque as velas sobre a mesa, em forma de triângulo, coloque a foto no centro do triângulo de velas.
Acenda o incenso e as velas (canela é o aroma de paixão, de sexo). Visualize de olhos fechados, a pessoa amada, a sua aparência, o seu nome.

Diga 47 vezes:

"Hera, deusa do amor, aceita esta petição. E que doravante (nome da pessoa amada) me deseje com loucura e paixão."

Não querendo ser invasivo, nem ordinário, mas se se masturbar (sem atingir o clímax) durante o ritual, a sua energia sexual e magnetismo aumentam quando se concentrar na pessoa amada. Várias sociedades esotéricas (seja Thelema, Golden Dawn, Luciferismo Gnóstico e outras) praticam a magia sexual.

Devera, depois, pingar algumas gotas de cera das três velas, sobre a foto da pessoa, coloque a foto na caixa de madeira. Preencha a caixa com areia húmida e feche-a à chave. À meia-noite, atire a caixinha ao rio ou ao mar.

Atrair alguém do mesmo sexo.

Ingredientes:
3 pérolas brancas (ou imitação), 1 copo de cristal, 8 bagas de azevinho, 1 cálice de rum, 1 foto da pessoa amada (ou papel com o nome), 1 pano roxo.

Instruções:
Numa noite de lua nova, misture no copo as 3 pérolas e as bagas de

azevinho. Coloque igualmente a foto dentro do copo, despeje o rum neste. Diga oito vezes o nome dessa pessoa e também o seu nome, alternando (diga o nome da pessoa, depois o seu, até perfazer oito vezes).
Deixe o copo ao relento (no sereno). No dia seguinte ao acordar, despeje tudo num pano roxo. Dê oito nós nesse pano e enterre junto a uma árvore perto da casa dessa pessoa (ou então um canteiro, um arbusto). Tem de ser perto da casa dele(a).

Trazer pessoa de volta.

Ingredientes:
1 saco grande, 1 pedaço de arame de cobre, 1 foto da pessoa amada, 7 mãos-cheias de sal grosso, 3 pedras médias.

Instruções:
Pegue uma roupa íntima do(a) seu ex, vire do avesso e coloque dentro do saco, ponha ainda no saco a foto dele(a) e o sal grosso, amarre bem com o arame de cobre. Deixe o saco debaixo da sua cama. Durante sete noites junte o saco ao seu peito e diga:

*"A tua vida ficará do avesso, se para mim não voltares,
como este saco fechado, aqui é o teu lugar."*

Somente quando essa pessoa regressar, deverá desatar o saco e repor a roupa íntima na gaveta. Pode manter a foto e sal grosso no saco e enterra-lo no seu quintal com três pedras em cima.

Para afastar rival.

Se o seu par anda com outra amante, este feitiço repele a pessoa que se intromete entre vós.

Ingredientes:
5 cristais olho-de-tigre, 5 cristais de quartzo transparente, o ideal é serem pequenos e rolados, 5 velas pretas, 5 velas vermelhas, 1

pergaminho, 1 foto sua, 1 foto da pessoa amada (tipo passe), terra escura.

Instruções:
Faça o feitiço numa quinta-feira entre as 22h e as 24h00. Coloque o pergaminho no chão e sobre ele as duas fotos, espalhando sobre elas um pouco de terra. À volta do pergaminho faça um círculo, alternando os cristais de quartzo e os de olho-de-tigre. Depois faça outro círculo maior, com as velas pretas e as vermelhas.

Agora acenda as velas todas, repita 9 vezes o nome da pessoa amada. Depois diga o seu nome completo 9 vezes.
Diga:

"Lesome, Grand Noir, Sonnsya, Grand Hougan.".

Fique alguns minutos em silêncio, meditando. Concentre-se e visualize a pessoa rival a afastar-se dele(a). Se souber o nome dessa pessoa diga-o.

Então, apague as velas, junte todos os objetos (os cristais e as fotos) e o pergaminho, enterrando num vaso ou quintal.

Afastar uma pessoa da sua vida.

Este feitiço tanto afasta um(a) pretendente chato da sua vida, como qualquer outro género de pessoa (um rival, um inimigo, um familiar maldizente, etc.).

Ingredientes:
1 espelho de bolso pequeno, 1 foto dessa pessoa (hoje em dia é fácil, pode baixar do Facebook e imprimir), 1 vela negra, 9 alfinetes.

Instruções:
Segure o espelho frente à foto, de modo que esta apareça refletida nele. Imagine que "reflete" de volta todas as más energias para ele(a). Atire o espelho ao chão quebrando-o. Espete os 9 alfinetes na foto dele(a). Segure a foto com uma pinça e queime-a na chama da vela negra.
O resto da cera, das cinzas da foto, alfinetes e pedacinhos de vidro, guarde numa caixinha de cartão e enterre longe da sua casa.

Manter pessoa ruim afastada da sua casa.

Se, por vezes, uma pessoa indesejada costuma ir visitá-lo, mas quer manter essa pessoa distante de si, este feitiço deve então ser feito.

Ingredientes:
Alguns pedaços de carvão litúrgico, terra recolhida das pegadas dessa pessoa (este método chama-se *foot-track work*), 6 velas vermelhas em forma de pirâmide, 1 foto da pessoa (ou papel com nome), 1 objeto pertencente à pessoa, sal grosso, 6 búzios pequenos, 1 pergaminho (15 x 15 cm), sal grosso.

Instruções:
Fazer ao ar-livre, assim que o sol se pôr. Mas a lua deverá estar em fase minguante. Sobre o pergaminho coloque um pires e acenda nele o carvão litúrgico.
À volta interponha as velas em círculo e alternando com os búzios, acenda as velas.
Pegue um pouco de terra e espalhe sobre os carvões incandescentes (mas não toda).
A foto da pessoa (ou nome) deve passar-se por esse fumo.
Faça o seu pedido, peça que a pessoa se mantenha longe de si, etc.
Pegue as velas e deixe cair algumas gotas de cera sobre o objeto da pessoa.
Agora pegue no pergaminho e coloque a foto sobre ele, rodeie tudo com os búzios em círculo. Antes da meia noite as velas devem ter ardido, ou então apague-as.

O restante da terra, deve misturar com sal grosso e espalhar à volta da sua casa.

Tornar-se um Incúbo ou Súcubo.

Ritual de magia Suméria

No seguinte ritual imagine-se, ao se projetar astralmente, que se torna num íncubo (se for homem) ou numa súcubo (se for mulher).

Na mitologia acádia e suméria um tipo de espírito incubo (masculino) era Alû, e a súcubo (feminina) era Lamaštu.

Portanto, na seguinte invocação, substitua o nome do espírito invocado por Alû ou Lamaštu (se for homem ou mulher).

No seu altar ofereça incensos de sândalo (acenda-os), uma tigela com água (para salpicar, fazer libação), e acenda duas velas pretas pequenas.

Coloque no altar o símbolo do espírito invocado (Alû ou Lamaštu).

Invocação:

"Anu, Enlil, Enki, Nergal,
Sete Céus, Sete Terras, Sete Senhores!
Eu tomo a Sua forma, Dimme!
Fundo a minha Sombra com o Seu Espírito de Fogo!
Eu O(a) convoco, Alû! (ou Lamaštu)
Preencha este círculo com poder, meu Daemon revigorado com a sua Divino Sombra!

Que você, Alû, aceite este meu ritual, peço-Lhe expansão do meu poder!
As minhas vitórias são uma honra para Si, Alû!
Alû, aceite esta libação, ofereço este incenso a Si!

(molhe os dedos na água e salpique sobre o altar)

As trevas não serão úteis ou prejudiciais, mas devem nutrir-me e trazer-me prazer de caçar nas sombras!"

Visualize a pessoa-alvo que deseja visitar durante o sonho.

Nota: as velas negras devem ser finas ou curtas (até 8 cm). Pois, assim mesmo que adormeça durante a projeção astral e *dreamwalking*, as velas consomem-se após poucos minutos.

Nome de Lamashtu em cuneiforme.

Cuneiforme para Alû

Ritual de Pombagira Maria Quitéria.

Castigar uma amante do seu marido.

Ingredientes:
1 objeto pessoal dessa mulher, 7 ovos caseiros de galinha, 1 prato de barro, 7 cigarrilhas, fósforos, 1 batom, 1 par de brincos, 1 garrafa de cachaça, 200g de milho de pipoca, 300g de farinha de milho, azeite de dendê, 12 rosas-vermelhas, 7 velas pretas, 7 fitas de tecido pretas, 1 toalha preta, 1 folha de papel vermelho, caneta.

São muitos materiais, a maioria serve para dar de oferenda à Maria Quitéria. Mas se investir dinheiro e fizer o ritual você mesmo, terá a garantia que algo seja feito.

Ao passo que se pagar a um bruxo charlatão 900 ou 1000 euros, o provável é ser enganada e nenhum trabalho realizado.

Instruções:
Faça pipocas e misture em farofa feita com farinha e o azeite de dendê, dispondo tudo num prato de barro. Numa sexta-feira de lua cheia à meia-noite. Deixe tudo numa encruzilhada em forma de T. Peça licença, primeiro, aos guardiões do local (Exú e Ogum). Escreva no papel vermelho o nome da pessoa a castigar e desenhe ainda o símbolo de Maria Quitéria.

Estenda a toalha no chão, organize os elementos; o prato fica no centro, o papel também. Sobre o prato disponha as fitas e os ovos, em volta dos pratos coloque as rosas, o batom, os brincos, cigarrilhas e o objeto da pessoa. Acenda as velas colocando-as em redor da toalha. Abra a garrafa de cachaça e despeje um pouco em cima do prato.

Diga 7 vezes:

"Vem Pomba gira guerreira, vem castigar fualana (nome).".

Cante o ponto de Maria Quitéria. Saia do local. Após uns dias vá novamente ao local e deixe oferenda de rosas.

Ponto cantado:

*"Quando eu bato palmas,
Saravá a encruzilhada, Saravá a encruzilhada, Saravá Exú mulher,*

*Saravá Maria Quitéria, Rainha da madrugada, Rainha da madrugada,
existe um Exú mulher que não passeia à toa,
quando passa pela encruza, não faz coisa boa.
O seu nome é Maria Quitéria, que castiga e também perdoa.
Ali vem Maria Quitéria, trazendo um axé no pé,
balançando a sua saia, reforçando a nossa fé.
Saravá ô, Saravá é, Saravá ô, Saravá é.
Maria Quitéria, vive nas sete encruzas,
Saravá quem lhe presenteia,
debaixo da lua cheia."*

Quimbanda

Quimbanda é um conceito religioso de origem afro-brasileira, uma linha de trabalho diferente da umbanda e candomblé, conhecida como o "caminho da mão esquerda".

Pode escrever-se também como Kimbanda, no idioma africano Bantu significa xamã ou curador. A palavra *mbanda* significava "o além".

As suas influências não são apenas do povo *Bantu* mas também dos Nagô e Ioruba, este sistema sincretiza vários conhecimentos desde feitiçaria e candomblé, espiritismo e inclusive a alquimia.

Os escravos Bantu quando foram para o Brasil partilharam o seu culto com os índios tupi-guaranis, e dai surgiu o sincretismo entre rituais, gerando-se a Quimbanda.

Devo salientar que no candomblé o conceito de Exú é diferente, consideram-no um Orixá, uma entidade que sempre foi espiritual (não teve existência humana).

Na Quimbanda os Exús são eguns (almas de ancestrais, ou pertencentes ao culto, e estão também a evoluir). O Exú por vezes é apelidado de "compadre".

Seguem abaixo algumas indicações de entidades para cada finalidade, não estão em ordem de preferência:

Defesa, ataque e seguranças:

Exú Lúcifer - Exú Rei - Exú Rei das Sete Encruzilhadas - Exú Rei do Cemitério - Exú Pantera -Exú do Fogo ou Exú Brasa - Exú Capa-Preta - Exú Caveira - Exú Meia-Noite - Exú Tranca-Ruas - Exú Destranca-Rua - Exú Do Lodo - Exú 07 Almas - Exú Catatumba ou Sete Catatumbas - Exú Porteira - Exú Omulú - Exú Ventania ou Sete Ventanias - Pombagira Maria Padilha -Pombagira Maria Mulambo - Pombagira das Almas - Pombagira Maria Quitéria -Pombagira Rosa Caveira

Movimento, fartura, caminhos abertos, empregos e negócios:

Exú Rei das Sete Encruzilhadas - Exú Sete da Lira - Exú Marabó - Exú Gira-Mundo - Exú Destranca-Rua - Exú Maré - Exú 07 Almas - Exú Bigüim - Exú Sete Encruzilhadas - Exú Tiriri -Exú Toquinho ou Bará Toquinho - Exú Veludo - Exú Zé Pilintra - Exú Meia-Noite - Exú Mirim -Exú Ventania ou Sete Ventanias - Pombagira Rainha da Encruzilhada - Pombagira Rainha da Praia - Pombagira Menina - Pombagira Sete Saias - Pombagira Dama da Noite - Pombagira da Praia - Pombagira da Estrada - Pombagira Sete Encruzilhadas.

Ataque, crueldade, maldade:

Exú Lúcifer - Exú Rei do Cemitério - Exú Vira-Mundo - Exú do Fogo ou Exú Brasa - Exú Capa-Preta - Exús Caveiras - Exú Leba - Exú Tranca-Ruas - Exú Mulambo - Exú Omulú - Exú Catatumba ou Sete Catatumbas - Exú Cobra - Pombagira Maria Padilha - Pombagira Rainha do Cemitério - Pombagira Maria Mulambo - Pombagira Camucanguê - Pombagira das Almas -Pombagira do Forno - Pombagira Maria Quitéria - Pombagira Rosa Caveira.

Saúde:

Exú Sete da Lira - Exú Maré - Exú Morcego - Exú Tiriri - Exú Mirim - Pombagira Menina -Pombagira Cigana - Pombagira da Praia - Pombagira da Estrada

Amor e sexo:

Exú Sete da Lira- Exú Maré - Exú Sete Encruzilhadas - Exú Veludo - Exú Ventania ou Sete Ventanias - Exú Zé Pilintra - Exú Meia-Noite - Pombagira Maria Padilha - Pombagira Rainha da Encruzilhada - Pombagira Rainha da Praia - Pombagira Menina - Pombagira Sete Saias -Pombagira Sete Encruzilhadas - Pombagira Maria Quitéria - Pombagira Dama da Noite -Pombagira Rosa Caveira - Pombagira da Praia - Pombagira da Estrada.

Entidades, linhas e os seus Reinos:

Observação: embora cada entidade tenha a sua linhagem e reino específicos, nada impede que ela possa responder à chamados e rituais executados noutros reinos. Casos mais comuns e que não alteram os resultados: Exús de cemitério responderem na mata e vice-versa. Exús de praia responderem em cruzeiro ou mata, Exús de encruzilhadas responderem na mata e vice-versa. Existem **Sete linhas principais**, cada uma tem 7 falanges (a qual tem um Exú chefe de falange).

Linha Malei:

Chefe: Exú Rei.
Chefes de cada falange: Exú Rei das Sete Encruzilhadas, Exú Marabó, Exú Mangueira, Exú Tranca Ruas das Almas, Exú Tiriri, Exú Veludo, Exú dos Rios ou Campinas.

Polaridade feminina/passiva: Pomba Gira - Pomba Gira Rainha das Sete Encruzilhadas.

Linha das Almas:

Chefe: Orixá Omulu.

Chrfes de falange: Exú Mirim, Exú Pimenta, Exú 7 Montanhas, Exú Ganga, Exú Malê, Exú Quirombó.

Polaridade passiva: Pomba Gira - Pomba Gira das Almas.

Linha do cemitério ou das caveiras:

Chefe: Exú Caveira.

Chefes de falange: Exú Tatá Caveira, Exú Brasa, Exú Pemba, Exú do Lodo, Exú Carangola, Exú Arranca Toco, Exú Pagão.

Polaridade passiva: Pomba Gira - Pomba Gira Rainha dos Cemitérios.

Linha Nagó:

Chefe: Chefe - Exú Gererê.

Exús chefes de falanges: Exú Quebra Galho, Exú 7 Cruzes, Exú Gira Mundo, Exú dos Cemitérios, Exú da Capa Preta, Exú Curador, Exú Ganga.

Polaridade passiva: Pomba Gira- Pomba Gira Maria Padilha.

Linha de Mossorubi:

Chefe: Exú Kaminaloá.

Chefes de falanges: Exú dos Ventos, Exú dos Morcego, Exú 7 Portas, Exú Tranca Tudo, Exú Marabá, Exú 7 Sombras, Exú Calunga.

Polaridade passiva: Pomba Gira - Pomba Gira Maria Mulambo.

Linha dos Caboclos Quimbandeiros:

Chefe: Exú Pantera Negra.

Chefes de falanges: Exú 7 Cachoeiras, Exú Tronqueira, Exú 7 Poeiras, Exú da Matas, Exú 7 Pedras, Exú do Cheiro, Exú Pedra Negra.

Polaridade passiva: Pomba Gira - Pomba Gira da Figueira.

Linha Mista:

Chefe: Exú dos Rios ou Campinas.

Os espíritos desta linha não são Exús mas sim kiumbas (desencarnados).

Polaridade passiva: Todas as Pombagiras podem trabalhar nesta linha.

Nalguns cultos consideram as Pombagiras Exús femininos, noutros chegam a afirmar que uma entidade pode ter duas polaridades (feminina e masculina), então Pombagira seria um aspeto feminino de Exú.

As entidades que utilizam o nome "sete" ou número "7" deve-se a motivos cabalísticos.

Cada Exú-homem da kimbanda tem a sua parte feminina ou contrapartida, que na verdade, são a mesma energia sob aparências distintas, temos assim:

Exú Rei das Encruzilhadas/Pombagira Rainha das Encruzilhadas;
Exú das Matas/Pombagiras das Matas;
Exú Giramundo/Pombagira Giramundo;
Exú do Cravo Vermelho/Pombagira da Rosa Vermelha;
Exú Mulambo/Pombagira Maria Mulambo;
Exú Sete Capas/Pombagira Sete Saias;
Exú 7 Estrelas/Pombagira 7 Estrelas; etc.

Cada Exú responde sob comando de um Orixá (que é um ser hierarquicamente superior), vejamos:

Linha de Ogum:
Exú Tranca Ruas das Almas, Exú Veludo, Exú Tira Toco, Exú Porteira, Exú Limpa-Tudo, Exú Tranca-Gira, Exú Tira-Teima.

Linha de Oxóssi:
Exú Lonan, Exú Marabó, Exú Bauru, Exú das Matas, Exú da Campina, Exú Pemba, Exú Capa Preta.

Linha de Xangó:
Exú Gira-Mundo, Exú Meia-Noite, Exú Quebra Pedra, Exú Ventania, Exú Mangeira, Exú Corcunda, Exú das Pedreiras.

Linha de Oxalá:
Exú das Sete Ecruzilhadas, Exú Sete Porteiras, Exú Sete Capas, Exú Sete Chaves, Exú Sete Cruzes, Exú Sete Pembas, Exú Sete Ventanias.

Linha de Yemanjá:
PombaGira, Exú Maré, Exú Má-Canjira, Exú Carangola, Exú Naguê, Pombagira Maria Mulambo, Pombagira Maria Padilha.

Estas Falanges podem ser diferentes em livros de outros autores, refletindo a opinião diferente de cada autor ou sistema (consoante seja umbanda, candomblé, quimbanda, etc).

Reinos

Reino das Encruzilhadas:

Chefiado por Exú Rei das Sete Encruzilhadas e Pombagira Rainha das Sete Encruzilhadas, governa todas as passagens dos Exús que ali trabalham. A sua função principal é abrir os caminhos para os outros guias chegarem e também para os filhos e fregueses.

Povo da Encruzilhada da Rua: chefe Exú Tranca-Ruas.

Povo da Encruzilhada da Lira: chefe Exú Sete Encruzilhadas.

Povo da Encruzilhada da Lomba: chefe Exú das Almas.

Povo da Encruzilhada dos Trilhos: chefe Exú Marabó.

Povo da Encruzilhada da Mata: chefe Exú Tiriri.

Povo da Encruzilhada da Kalunga: chefe Exú Veludo.

Povo da Encruzilhada da Praça: chefe Exú Morcego.

Povo da Encruzilhada do Espaço: Chefe Exú Sete Gargalhadas.

Povo da Encruzilhada da Praia: chefe Exú Mirim.

Reino dos Cruzeiros:

Chefiado pelo Exú Rei dos Sete Cruzeiros e Pombagira Rainha dos Sete Cruzeiros, governa todas as passagens dos Exús que trabalham nos cruzeiros (não confundir com encruzilhada).

Povo do Cruzeiro da Rua: chefe Exú Tranca Tudo.

Povo do Cruzeiro da Praça: chefe Exú Kirombó.

Povo do Cruzeiro da Lira: chefe Exú Sete Cruzeiros.

Povo do Cruzeiro da Mata: chefe Exú Mangueira.

Povo do Cruzeiro da Kalunga: chefe Exú Kaminaloá.

Povo do Cruzeiro das Almas: chefe Exú Sete Cruzes.

Povo do Cruzeiro do Espaço: chefe Exú 7 Portas.

Povo do Cruzeiro da Praia: chefe Exú Meia Noite.

Povo do Cruzeiro do Mar: chefe Exú Kalunga (Kalunga grande).

Reino das Matas:

Chefiado pelo Exú Rei das Matas e Pombagira Rainha das Matas. Governa todos os Exús que trabalham nas matas ou locais que tenham árvores a exceção do cemitério, que pertence a outro reino.

Povo das Árvores: chefe Exú Quebra Galho.

Povo dos Parques: chefe Exú das Sombras.

Povo da Mata da Praia: chefe Exú das Matas.

Povo das Campinas: chefe Exú das Campinas.

Povo das Serranias: chefe Exú da Serra Negra.

Povo das Minas: chefe Exú Sete Pedras.

Povo das Cobras: chefe Exú Sete Cobras.

Povo das Flores: chefe Exú do Cheiro.

Povo da Sementeira: chefe Exú Arranca Tôco.

Reino da Kalunga:

Chefiado pelo Exú Rei das Sete Calungas ou Kalungas e Pombagira Rainha das Sete Kalungas. Esses Exús também são chamados pelo nome de Rei e Rainha dos Cemitérios. Geralmente quando se diz "calunga" nas giras de quimbanda é para nomear o cemitério. Trabalham neste reino todos os Exús que moram dentro dos cemitérios.

Povo das Portas da Kalunga: chefe Exú Porteira.

Povo das Tumbas: chefe Exú Sete Tumbas.

Povo das Catacumbas: chefe Exú Sete Catacumbas.

Povo dos Fornos: chefe Exú da Brasa.

Povo das Caveiras: chefe Exú Caveira.

Povo da Mata da Kalunga: chefe Exú Kalunga (conhecido também como Exú dos Cemitérios).

Povo da Lomba da Kalunga: chefe Exú Corcunda.

Povo das Covas: chefe Exú Sete Covas.

Povo das Mirongas e Trevas: chefe Exú Capa Preta (conhecido também como Exú Mironga)

Reino das Almas:

Chefiado por Exé Rei das Almas Omulu e Pombagira Rainha das Almas. Eles também são conhecidos por Rei e Rainha da Lomba, porque governam todos os Exús que trabalham em locais altos. Porém, os Exús deste reino também trabalham em hospitais, morgues, etc.

Povo das Almas da Lomba: chefe Exú 7 Lombas

Povo das Almas do Cativeiro: chefe Exú Pemba.

Povo das Almas do Velório: chefe Exú Marabá.

Povo das Almas dos Hospitais: chefe Exú Curador.

Povo das Almas da Praia: chefe Exú Giramundo.

Povo das Almas das Igrejas e Templos: chefe Exú Nove Luzes.

Povo das Almas do Mato: chefe Exú 7 Montanhas.

Povo das Almas da Kalunga: chefe Exú Tatá Caveira.

Povo das Almas do Oriente: chefe Exú 7 Poeiras.

Reino da Lira:

Os chefes deste reino são muito mais conhecidos pelos seus nomes sincréticos: Exú Lúcifer e Maria Padilha, sendo na verdade os seus nomes kimbandeiros Exú Rei das Sete Liras e Rainha do Candomblé (ou Rainha das Marias). Os seus apelidos kimbandeiros mostram justamente a sua afinidade pela dança, a música e a arte (lira e candomblé). Dentro do reino da Lira, que também às vezes é chamado "reino do candomblé" não pelo culto africanista aos Orixás, senão por ser essa palavra o sinónimo de dança e música ritual. Trabalham aqui todos os Exus que têm relação com a arte, a música, poesia, boémia, artes ciganas, malandragem, etc.

Povo dos Infernos: chefiado por Exú dos Infernos.

Povo dos Cabarés: chefiado por Exú do Cabaré.

Povo da Lira: chefiado por Exú Sete Liras.

Povo dos Ciganos: chefiado por Exú Cigano.

Povo do Oriente: chefiado por Exú Pagão.

Povo dos Malandros: chefiado por Exú Zé Pelintra.

Povo do Lixo: chefiado por Exú Ganga.

Povo do Luar: chefiado por Exú Malé.

Povo do Comércio: chefiado por Exú Chama Dinheiro.

Reino da Praia:

Chefiado pelo Exú Rei da Praia e Rainha da Praia. Dentro dele encontram-se todos os Exús que trabalham nas praias, perto de água o ainda dentro desta, podendo ser salgada ou doce.

Povo dos Rios: chefiado por Exú dos Rios.

Povo das Cachoeiras: chefiado por Exú das Cachoeiras.

Povo da Pedreira: chefiado por Exú da Pedra Preta.

Povo do Marinheiros: chefiado por Exú Marinheiro.

Povo do Mar: chefiado por Exú Maré.

Povo do Lodo: chefiado por Exú do Lodo.

Povo dos Baianos: chefiado por Exú Baiano.

Povo dos Ventos: chefiado por Exú dos Ventos.

Povo da Ilha: chefiado por Exú do Coco.

Contatar o seu Exú pessoal

O seu Exú pessoa será descoberto, geralmente, sob uma consulta do oráculo dos búzios (merindilogun) por um babalorixá. Mas este ritual que se segue tem como finalidade descobrir o seu Exú pessoal através da sua intuição, e ELE se comunicará consigo. Ou escolha um com o qual sentir ressonância.

Para pedir qualquer coisa.

Exú, por vezes mal interpretado, é uma entidade poderosa, intermediário entre os Orixás e os humanos. Na maioria de terreiros e rituais de magia primeiro invoca-se e pede-se permissão a Exú. No candomblé africado Exú é considerado um Orixá.

Na linguagem Ioruba Èṣù significa entidade dinâmica, ativa.

Uma saudação, generalista, para Exú pode ser: *"Laroiê Exú"* que significa: salve mensageiro!

Existem centenas de linhagens de Exús, basicamente os seus nomes simbolizam energias, vibrações, ou linhas de trabalho.

Numa sexta-feira, após o pôr-do-sol, reúna os seguintes ingredientes:

1 vela vermelha, 1 vela negra, uma chávena cheia de café, 1 copo com rum.

O local onde pode fazer o rito, é numa floresta e perto de uma encruzilhada.

Acenda as velas e bata no chão 3 vezes com a mão, dizendo:

"Exú, Exú, Exú levante-se".

Levante-se e apresente-se, diga em voz alta o seu nome e data de nascimento. Convide o Exú para vir colaborar consigo. Peça proteção, inspiração, para abrir-caminhos, enfim faça o seu pedido. Prometa-lhe que todas as sextas-feiras de noite deixará ali oferendas.

Vá embora, deixando no local as oferendas (velas acesas, o café e o rum).

Por vezes Exú pode não aparecer em forma visível, contudo, pode surgir-lhe nos sonhos ou enviar-lhe sinais.

Dica:

Quando invocar Exús jamais demonstre insegurança, as entidades pressentem o medo. Demonstre respeito, e nada tem a temer.

Se quiser pratique durante algumas semanas, de noite a ir para um bosque, fazer invocações. Percorrer (sem luz alguma) um pequeno trilho a pé, pisando os galhos, escutando os sons das criaturas do bosque. Escutando a coruja, morcegos, raposas ou outros seres da noite. Coloque à prova a sua sensibilidade e força interior.

Sente-se observado? Sente presenças? A primeira iniciação oculta é a auto iniciação.

Um altar básico para Exú:

Uma toalha preta, ou vermelha (ou bicolor). Uma estatueta do seu Exú preferido (em cima dum pires de barro). As estatuetas de 23 ou 25 cm que se vendem em lojas esotéricas servem. Um copo com cachaça. Um pequeno tridente de metal (ou garfo de metal/ um espeto), tem de ter 3 dentes e relembrar um tridente.

Um coco, ou chávena com café, para oferenda. Velas bicolor (pretas e vermelhas).

Pode também colocar charuto, no altar.

O dia associado a Exú é segunda-feira, pode fazer oferendas e rezas para Exú segundas-feiras de noite. Obviamente se tiver um trabalho/ou pedido para fazer noutros dias, faça.

Quando fizer um ritual, seria adequado que se vista de preto.

A maioria de trabalhos e despachos (ebós) são feitos no exterior, junto a uma encruzilhada.

Porém, muitos praticantes têm um pequeno altar nas suas casas, em sinal de culto e reverência, para fazer rezas diárias ou pedidos ao seu Exú. Obviamente Exú, mais rapidamente irá agradar e proteger um bruxo que regularmente o respeita e cultua, do que um indivíduo que só se lembra de pedir favores de vez em quando.

Se respeitar regularmente o Exú e lhe fizer oferendas garantidamente terá o respeito d'Ele e a proteção.

Exemplo:

Livrar alguém da jura de morte.

Para livrar uma pessoa da morte, passa-se no seu corpo: nove velas, nove pedaços de carne bovina, nove pedaços de coco seco, nove pedaços de pano de cores diferentes e um boneco(a) de pano. Despacha-se no cemitério.

Faz-se uma cerimónia como se fosse um *axexê*, com tudo o que a pessoa tiver quebrado ou rasgado dentro da sua casa, faz-se um círculo de cinzas ao redor desses objetos, depois sacrifica-se duas pombas (fêmeas) em cima.

Axexê é um tipo de cerimónia fúnebre e todos vestidos de branco.

Contatar o Exú das 7 encruzilhadas para abrir caminhos.

Ingredientes:
7 caixas de fósforos, 7 cigarrilhas, 7 velas bicolor (as velas terão a base vermelha e a parte superior preta), 1 tecido vermelho, uma chávena com milho de pipoca, 1 garrafa de cachaça, farofa, milho cozido com sal (dentro de uma caçarola), 1 garrafa de água (nova, tapada).

Instruções:
Faça um embrulho com todos os ingredientes e dirija-se a uma encruzilhada. Se não conhece alguma, uma boa forma é procurar perto da sua região pelo *Google Earth* na internet (imagens de satélite), ficará surpreendido com a quantidade de caminhos de terra que formam encruzilhadas no mato, que você nem pensaria que existem.

Retire a garrafa de água, ajoelhe-se, despeje um pouco no chão 3 vezes. Primeiro à sua frente, depois à sua esquerda, depois à direita. Na sua mente visualize a imagem do Exú das sete encruzilhadas, com orelhas pontiagudas, barba e com capa vermelha.

Faça a invocação:

"Quem entorna água à sua frente, caminhará sobre um solo fértil".

Feche a mão esquerda. Mergulhe os dedos da mão direita num dos pontos molhados no chão, bata com a palma da mão aberta contra o punho esquerdo. Repita o procedimento com os restantes dois pontos molhados. Na última vez que bater no seu punho, abra a mão e diga:

"Três vezes o invoco, Exú das sete encruzilhadas, três vezes como se fossem uma".

Estenda o pano no chão, à sua frente, disponha em cima os ingredientes que trouxe. Acenda as velas, abra as caixas de fósforos e deixe as cabeças dos fósforos salientes das caixas. Abra a garrafa de cachaça, coloque-a sobre o pano, à frente dela coloque o prato com milho. Salpique com farofa. Fique de pé e estenda os braços em frente, enviando energia para a oferenda.

Diga:

"Que a terá seja testemunha de que neste lugar, eu (o seu nome) saúdo as forças de todos os Exús. Com estes gestos e neste instante estabeleço um laço com todos os meus ancestrais, para Exú das sete encruzilhadas possa traçar o meu futuro.

Exú, suplico-vos que derrubes as barreiras, encha as panelas, afaste os meus inimigos e qualquer instabilidade, inveja, doença ou temor do meu caminho."

Exemplo de vela bicolor de Exú, ou Pomba gira.

Cada cor emite uma frequência. Além disso, a cor vermelha quando está a arder na vela, simboliza luta, depois quando a chama chegar à parte preta da vela simboliza vitória alcançada. Acredito que as cores preto e vermelho sejam igualmente alusivas às cores da bandeira de Angola. As cores das bandeiras que os feiticeiros do povo Baganda portavam também eram o preto e vermelho.

Os trabalhos de magia com pretos-velhos (espíritos dos ancestrais) incluem velas bicolor (preta e branca).

Caboclos de Ogum, podem ser velas bicolor (branca e vermelha). As caboclas têm vela bicolor branca e verde, a Orixá Ossãe também. Vela de Omulu pode ser bicolor: preta e amarela.

Prece a Exú Caveira.

Existem diferentes sigilos (pontos riscados, emblemas), sendo este um deles:

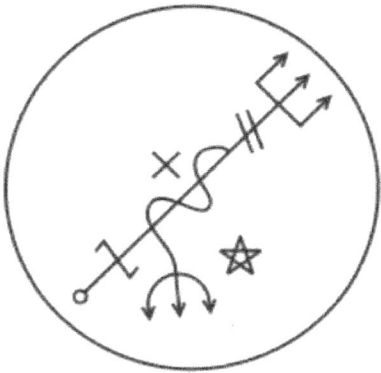

Pode desenhar num pergaminho e levar consigo. Vá perto de um cemitério e deixe como oferenda velas bicolor acesas (metade pretas e vermelhas), cana-de-açúcar, um copo com cachaça, flores. O local deste Exú é perto do cemitério (e não num bosque).

"Confio em vós, Exú caveira, para solução do meu problema (diga qual). Irei repetir estes louvores durante três dias, bem como uma vela acesa no local onde eu cultuo. Assim que melhorar, ou obtenha resposta favorável, colocarei em sua homenagem um lindo ebó".

Ebó é uma oferenda.

Um cântico a Exú caveira.

*"Portão de ferro, cadeado de madeira.
Na porta do cemitério quem manda é o Exú caveira.
A porta do inferno estremeceu, vieram todos ver quem é,
ouviu-se a gargalhada na encruza,
era o senhor caveira, com a esposa de Lúcifer".*

Feitiço Maria Padilha das Almas.

Adquira uma vela casal-unido vermelha (figura), também duas fitas, cor vermelha, uma na altura dele, outra na sua. Escreva o nome dele por sete vezes na sua fita e o seu nome sete vezes na fita dele. Faça sete nós com as duas fitas e enrole na vela de casal. Polvilhe com óleo e pó de atração. Faça os seus pedidos:

Primeiro pedido: fulano (dizer o nome completo). Estás preso no meu coração e o teu corpo preso ao meu.

Segundo pedido: fulano (dizer o nome dele completo). Estás perto de mim (dizer o seu nome completo) sentir-te-ás bem na minha presença, longe ficarás nervoso e aflito, na esperança do reencontro o mais breve possível.

Terceiro pedido: fulano (dizer o nome dele completo). Estás perto de mim (dizer o seu nome completo) ficarás calmo, contente alegre e feliz.

Quarto pedido: fulano (nome). Eu, só eu (dizer o seu nome) te satisfarei sexualmente e mais ninguém neste mundo.

Quinto pedido: fulano (nome). Eu, só eu (dizer o seu nome) poderei amar-te para sempre na mais feliz harmonia.

Sexto pedido: fulano (nome). Que sintas sempre necessidade da minha presença (dizer o seu nome).

Sétimo pedido: fulano (nome). Escutaste a minha súplica e se não fores só meu, quero que sofras amargamente o resto da vida, e um dia venhas rastejando como as cobras venenosas, e eu te rejeitarei para o resto da vida, pois não costumo comer o que sobrou das outras.

Após fazer todos os pedidos acenda a vela. Com o seu trabalho ofereça a Maria Padilha das Almas uma vela tipo imagem de Pomba Gira na cor vermelha, uma garrafa de sidra, uma taça vermelha e uma carteira de cigarrilhas, com ponta, da melhor marca e uma caixa de fósforos. Acenda a vela, abra a sidra, coloque na taça e deixe a garrafa ao lado da vela Pomba Gira.
Acenda uma cigarrilha e dê três baforadas e peça a Maria Padilha das Almas que resolva o seu caso amoroso.

Esta entrega deve ser feita numa sexta-feira de lua cheia, numa encruzilhada em forma de **T**.

Ao retirar-se não volte pelo mesmo caminho, dê três passos para trás. Vire-se e continue a caminhar nunca olhando para os lados e seguindo sempre para frente.

Feita esta obrigação é só esperar o resultado favorável. Sempre que quiser alguma coisa de Maria Padilha das Almas, solicite em pensamento e faça um agrado oferecendo: cigarrilhas, rosas-vermelhas, sidra ou champanhe e verá que será sempre atendido.

Feitiçaria para quebrar uma pessoa.

Ingredientes:
1 frango (vivo), miolo de boi (compre no talho), uma cabaça grande, pimentas malaguetas, 1 frasquinho de óleo de rícino, pedrinhas íman, enxofre, 1 vela bicolor (metade preta e branca), sal grosso, padê de dendê, 1 papel, mel.

Instruções:
Antes faça primeiro em casa a oferenda de padê de dendê. Escreva num papel o nome da pessoa a enfeitiçar (21 vezes).

Siga para uma encruzilhada, leve tudo, de preferência ao meio-dia.

Coloque o padê de dendê, despeje um pouco de mel. Abra a cabaça, coloque na cabaça o miolo de boi (simboliza a mente dessa pessoa), coloque o papel com nome dentro, coloque as malaguetas dentro. Coloque enxofre, as pedras imã, sal e óleo de rícino.

Acenda a vela do lado da cabaça e comece por saudar Exú: *"Laroiê Exú", "Laroiê Mojubá".*

Corte o pescoço do frango e deixe escorrer sangue para cima da cabaça.

Quebre as asas do frango e diga:

"Exú, assim como quebro esta ave, que tu quebres também as forças de (fulano), e que perca todo o rumo da vida. Que fique completamente desequilibrado.".

Coloque o frango na cabaça. Vá embora do local.

Separar duas pessoas:

Ingredientes:
Dois miolos de boi (comprar no talho), 2 pratos brancos, 1 pedaço de carvão, 26 agulhas, álcool etílico, fósforos.

Instruções:
Coloque os dois pratos lado a lado, um miolo de boi em cada prato (simbolizam as mentes dessas duas pessoas a separar).

Espete 13 agulhas em cada miolo. Com o carvão desenhe uma cruz no chão frente aos pratos. Regue os miolos com álcool e puxe fogo, deixe arder tudo. Afaste-se em segurança.

No final quebre os dois pratos com o pé. Um dos pratos (restos e estilhaços) jogue no bosque, o outro leve para o mar. Ficam, portanto, bem distantes e separados.

Afastar pessoa de si.

Ingredientes:
1 pedaço de papel, caneta, garrafa de vidro com água, pimentas malaguetas, 1 vela preta.

Instruções:
Escreva o nome dessa pessoa num papel, coloque dentro da garrafa com a água, coloque malaguetas (amassadas) dentro. Leve essa garrafa para uma encruzilhada e deixe a vela preta acesa.

Causar ferida na língua de pessoa maldizente.

Ingredientes:
língua de boi ou vaca (compre no talho), carvão em pó, vários alfinetes, azeite de dendê, 1 metro de pano branco, 1 vela bicolor preta-vermelha.

Instruções:
Com uma faca deverá fazer um corte na língua de boi (ou vaca). Coloque dentro do corte um papel com nome da pessoa. Feche com vários alfinetes. Ponha carvão em pó por cima. Unte-a com azeite de dendê. Cuspa 7 vezes em cima e deseje que Exú cause feridas na língua dessa pessoa. Embrulhe tudo num pano branco. Leve a um cemitério. Siga até ao cruzeiro do cemitério, vire-se para Sul e conte 17 sepulturas, na 17ª sepultura ali perto enterre o embrulho.
Acenda a vela e peça a Exú que amaldiçoe essa pessoa.

Depois, em casa, tome um banho de ervas de descarrego.

Causar mal a alguém:

Pegar num ovo e fazer um furinho, dentro coloque um papel com o nome dessa pessoa, pimenta, sal grosso e enxofre.

Enterre-o numa encruzilhada e deixe uma vela preta e vermelha de oferenda para Exú das 7 encruzilhadas.

Destruir adversário/ Feitiço no cemitério.

Itens:
1 pequenino caixão de madeira, 1 boneco de pano, 7 velas pretas, 1 charuto, 1 caixa de fósforos, 1 garrafa de aguardente, 1 copo de vidro, 1 punhal miniatura, terra de cemitério, 1 carretel de linha preta.
Pertences do alvo (foto, objeto pessoal, cabelo, unhas ou pedaço de roupa).

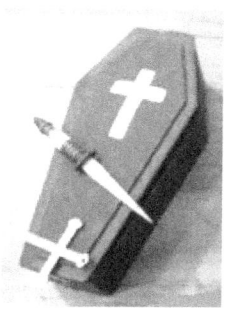

Instruções:
Numa sexta-feira à noite, próximo da meia-noite, vá até um cemitério. Ao chegar ao portão faça uma saudação às entidades da linha do cemitério antes de entrar.

Em seguida procure por um túmulo que seja todo preto e retire um punhado de terra que esteja aos pés deste túmulo. Pegue o boneco de pano que irá representar o alvo e escreva o nome da vítima. Finque o pequeno punhal no boneco e o coloque dentro do pequeno caixão de madeira.

Em seguida coloque os pertences do alvo dentro do caixão com a terra recolhida. Enrole o caixão com a linha preta até que fique bem lacrado.

Em seguida enterre o caixão aos pés do túmulo preto e conte sete túmulos para o lado esquerdo a partir do túmulo preto. Coloque uma vela preta em cada um deles e acenda cada vela de forma que a última vela a ser acesa seja a do túmulo preto. Enquanto as velas são acesas, mentalize o sofrimento e destruição do seu inimigo, concentrando-se no poder das entidades da linha do cemitério.

Quando a última vela for acesa, coloque em cima do túmulo preto o copo de vidro e encha com a bebida de aguardente, coloque a garrafa com o restante da bebida do lado esquerdo do copo. Acenda o charuto e coloque em cima do túmulo a caixa de fósforos e o charuto em cima dela.

Em voz alta, invoque as entidades do cemitério solicitando que elas levem dor, sofrimento, destruição e morte ao seu inimigo. Dê sete passos de costas, afastando-se do túmulo preto, em seguida vire-se e vá embora sem olhar para trás.

Separar duas pessoas.

Com Exú do lodo.

Como referi, existem imensas falanges de Exús, milhares deles.
Um conhecido Exú é o Exú do lodo (lama), ele está na linhagem de Omulu. Esse Exú pode curar doenças e maleitas, mas é também muito utilizado em feitiços para causar o mal.

Ingredientes:
Cachaça, pimenta-malagueta, pimenta-do-reino, azeite de dendê, 1 frasco de vidro com tampa, 1 vela preta, 2 papéis, caneta.

Instruções:
Escreva o nome de cada pessoa nos papéis separados.

Coloque os nomes dentro do frasco, coloque a cachaça, as pimentas, e por fim o azeite de Dendê, tape e agite o frasco desejando tudo que quer, que se afastem que peguem nojo um do outro que briguem. Enterre, num lugar podre, como um valão, lodo, pântano, etc. Acenda a vela preta pedindo auxílio a Exú do lodo, e reforce o seu pedido, saia sem olhar para trás!

Este feitiço pode ser feito em qualquer lua, porém, o mais indicado é na lua minguante.

Saudação ao Exú lodo:

"Laroiê senhor lodo. Hoje eu te louvo, oh meu guardião,
sentinela das almas, dê-me proteção,
foi Omulu quem o coroou,
a sua energia e vida transformou".

Não conte a ninguém que fez, e chegando em casa tome um banho com 3 dentes de alho e um punhado de sal.

Vencer uma demanda.

Sacrifica-se uma galinha sobre uma corrente de ferro do tamanho da pessoa inimiga (aproximadamente o tamanho dela) e despacha-se numa linha férrea o animal sacrificado. A corrente é jogada no mar.

Para caboclo proteger o seu lar.

Para que um caboclo fique parado na porta da casa da pessoa dando proteção, deve-se colocar uma pedra redonda atrás da porta para que Ele se "assente". Uma vez por ano tem que sacrificar sobre esta pedra um galo-branco.

Para afastar inimigos.

Pega-se uma lata com tampa e coloca-se, no seu interior, algumas pedrinhas pequenas e papéis com os nomes dos inimigos escritos sete vezes cada um. Durante três dias, à meia-noite em ponto, sacode-se a lata como se fosse um chocalho diante da estatueta de Exú com uma vela bicolor (preta e vermelha) acesa. Pede-se a destruição dos inimigos. No terceiro dia, após soar o chocalho diante de Exú, toca-se novamente na porta de casa e, em seguida, joga-se o chocalho no meio da rua.

Feitiço de encruzilhada contra inimigos:

Este ritual pedirá a ajuda de Exú Tranca-Ruas na encruzilhada. Deverá cumprimentar Ogum primeiro, porque ele reside no meio da encruzilhada. Também precisará do seguinte:

Ingredientes:
7 garrafas de rum, pó de sete campas de cemitério, 8 charutos, 8

velas bicolor (pretas e brancas), farinha, óleo de palma, pimentão, cascarilha, 1 garrafa de cerveja, estatueta de Exú.

Instruções:
Numa segunda-feira à meia-noite, vá para uma encruzilhada. Acenda um dos charutos e abra a cerveja. Desenhe uma cruz no chão com a cascarilha. Pegue uma vela vermelha e coloque-a no centro da cruz onde as duas linhas se cruzam e acenda-a, ofereça-a a Ogum com a cerveja e o charuto aceso.

Coloque a estátua ou boneco de Exú no centro da cruz ao lado da vela de Ogum.

Pegue os sete pratos de terra do cemitério e coloque em círculo ao redor da imagem do Exú. Em outro círculo em torno do prato com pó das campas coloque as 7 garrafas de cachaça.

Abra cada garrafa de cachaça e cumprimente Exú Tranca-Ruas, e diga que a cachaça é para ele.

Pegue as 7 velas vermelhas e pretas e coloque-as no círculo com as garrafas de cachaça e ofereça-as a Exú enquanto as acende.

Acenda os sete charutos e com o fumo do primeiro, sopre na imagem de Exú e em todas as suas oferendas e diga-lhe que trouxe charutos finos para Ele. Coloque um pouco de farinha, óleo de palma e pimentão no vaso vermelho com sete pedaços de papel nos quais escreveu o nome do seu inimigo.

Coloque o vaso no meio do círculo com os outros itens e jogue um fósforo nele, acendendo-o.

Diga a Exú que o ajude a livrar-se do seu inimigo.

Nota: Este ritual requer vários itens, alguns caros e em quantidade, requer algum investimento.

Mas note, se procurasse algum bruxo macumbeiro enganador poderia acabar por despender de 1000 ou 2000 euros, sem saber se algum trabalho seria realizado (o mais certo era nada ser feito).

Quando faz o ritual tem a certeza que um trabalho está a ser feito e está a envolver-se emocional e energeticamente.

Exú 7 Facadas (contra inimigos)

Materiais necessários:
7 velas pretas, 1 garrafa de conhaque, 3 charutos, 3 caixas de fósforos, 1 copo de vidro novo, 1 pedaço de pano vermelho ou preto novo, 1 punhal ou faca, 1 fígado inteiro de boi ou porco, 1 prato, 1 pote de mel, 1 carretel de linha preta, 1 agulha, 1 papel com nome do seu inimigo.

Instruções:
Esse trabalho pode ser realizado no bosque, cemitério, encruzilhada ou num parque que tenha mata. Inicie o ritual colocando o pano aberto sobre o local escolhido. Em seguida coloque o prato em cima do pano. Acenda as velas ao lado do pano em linha reta, uma seguida da outra.

Acenda os charutos dando 3 baforadas em cada um deles e coloque em cima das caixas de fósforos. Certifique-se que cada uma das caixas de fósforos fique com 3 palitos para o lado de fora. Como são 3 caixas ficaram 9 palitos para o lado de fora.

Em seguida pegue o fígado e coloque em cima do prato, faça um corte na parte de cima do fígado que seja o suficiente para caber o papel dobrado com o nome do inimigo. Após colocar o nome dentro do fígado pegue a linha e a agulha e costure.
Os pontos de costura deveram ser feitos sempre em número ímpar (3, 5, 7, etc.).
Em seguida abra a bebida e coloque no copo. O que sobrar derrame no chão ao redor do trabalho.

Em seguida pegue o punhal e concentre-se pensando na pessoa inimiga. Depois dê 7 facadas no fígado. As facadas devem ser realizadas em várias partes do fígado. Para finalizar derrame o mel sobre o fígado e vire de costas para o ritual e vá embora sem olhar para atrás.

Pontos cantados

Agem como saudações.

Exú Rei das 7 Encruzilhadas.

*"O meu senhor das almas disse que eu não valho nada.
O meu senhor das almas disse que eu não valho nada.
Olha lá que ele é Exú Rei das 7 Encruzilhadas."*

Exú Tranca Ruas das 7 Encruzilhadas.

*"Oh! Ele é o dono das ruas, avenidas e estradas.
Oh! Ele é o senhor Tranca ruas das 7 encruzilhadas.
Oh! Ele vê tudo se quiser não deixa passar nada.
Ele é o senhor Tranca ruas das 7 encruzilhadas.
Abre a porteira tranca ruas, abre a porteira, deixa o seu cavalo passar.
Hoje ele não está para brincadeiras, veio foi para trabalhar."*

Exú Capa Preta.

*"Lá na encruza, existe um homem valente.
Com a sua capa e cartola, com o seu punhal e tridente.
É madrugada, é madrugada, e Ele está do meu lado,
por isso eu lhe peço Tranca Ruas, seja o meu advogado.
Ao ver Exú na encruzilhada, com Ele não se meta,
é ali que Ele trabalha, o reino é do Capa Preta!."*

Exú 7 Sombras.

*"Eu vi um formigueiro, fui ver se estava lá.
Encontrei o Exú Sete Sombras, e pedi para me ajudar."*

Pombagira Maria Padilha.

*"Cemitério é praça linda, mas ninguém quer passear,
lá tem sete catacumbas, Maria Padilha mora lá.
Mora lá, mora lá. Maria Padilha mora lá."*

Pombagira Maria Quitéria.

*"Existe um Exú mulher, que não passeia à toa.
Quando passa pela encruzilhada, Maria Quitéria não vacila.
Ela não faz coisa boa."*

Exú Tata Caveira.

*"Portão de ferro, cadeado de madeira.
Na porta do cemitério eu vou chamar o Tatá Caveira.*

*Soltaram um bode preto, à meia-noite na calunga,
Ele correu os quatro cantos, foi parar lá na porteira,
bebeu marafo com o Tatá Caveira.*

*Eu fico no portão do meu cemitério, presto conta e tomo conta,
na porteira do inferno.*

*Um pombo preto voou da mata, voou e pousou lá na pedreira,
onde os Exús se reúnem. Mas o reino é do Tatá Caveira.*

Tatá Caveira chegou no Reino. Ele chegou para demandar,

Eu vim buscar quem não presta, é para a calunga que eu vou levar.

E lá vai o senhor Tatá Caveira, na porta do cemitério, ele vai para bem longe! Para as catacumbas do inferno."

Exú Pinga Fogo.

"Exú é de lei, a sua palavra não volta atrás,
Exú é de lei, a sua palavra não volta atrás !
Ele é o Pinga Fogo, o melhor do Satanás."

Exú Mirim.

"Passei lá no cemitério, e vi um menino lá,
pulava de cova em cova, à procura do seu lugar,
que menino era aquele, era o Exú Mirim."

Pomba Gira Rainha.

"Rainha a sua coroa brilhou, a sua coroa brilhou.
Rainha que vem lá do cemitério, o seu feitiço vem das almas,
a sua coroa tem mistério."

Pomba Gira Maria Mulambo.

"Quem é essa moça, que vem estalando osso por osso.
É Maria Mulambo, que mora no fundo do poço!"

Exú 7 Cruzes.

"Exú Sete Cruzes, Sete Cruzes ele éh.
Carrega as Sete Cruzes para o compadre Lúcifer."

Exú Meia-Noite.

"Deu a meia-noite na terra e no mar,
deu no mato, na calunga, em todo o lugar.
Senhor meia-noite não tem hora para chegar,
quando chega a meia-noite chega em qualquer lugar."

Exú Sete Sombras.

*"Eu vi uma sombra numa encruza, e fui ver quem estava lá,
encontrei o senhor Sete Sombras, e pedi para Ele me ajudar.*

*Eu vi um formigueiro, fui ver se estava lá,
encontrei o Exú Sete Sombras, e pedi para Ele me ajudar."*

Vodú

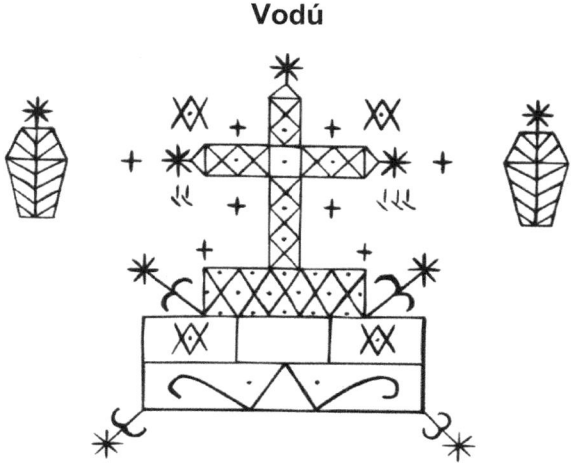

O Vodú (ou Voodoo) é uma religião africana, conhecido pela confeção de efígies que representavam a pessoa a enfeitiçar e pelos zombies (derivado aos filmes de Hollywood popularizou-se). Porém, o Vodú tanto serve para o mal como para o bem, alguns bonecos utilizavam-se para a cura ou para enamoramento. Na língua *fom* (falada em Benim) vodú significa "ancestral" ou "divino". O culto tem as suas raízes primárias entre os povos Jeje-Fom do Benim, atual religião nacional, com mais de 7 milhões de adeptos.

Além da tradição *fom*, ou do Daomé, que permaneceu na África, existem tradições relacionadas que lançaram raízes no Novo Mundo durante a época do tráfico transatlântico de escravos (século XVI - século XIX) e que persistem até hoje, tais como o candomblé brasileiro, o tambor de mina maranhense, o vodu haitiano, a Santería cubana, o vudu da Luisiana (Estados Unidos), etc. No Brasil com a imigração de escravos *jejês*, *fons*, *fantes* e outros, surgiram cultos como o Tambor de Minas ou o Candomblé jejê.

Os espíritos ancestrais são os voduns ou os *loas* (no vodú haitiano).

O vodu haitiano, chamado também de *Sèvis Gine* ("serviço da Guiné" ou "serviço africano") é uma religião haitiana baseada no culto aos *loas* originários dos povos *Jejes*, *Fons* e *Maís* da África Ocidental.

Não vou prolongar-me demasiado, mas como deve calcular, o Vodú é uma religião complexa e aprender e dominar na totalidade esta prática magico-religiosa requer anos de experiência. Nem eu, nem o leitor, somos iniciados ou experientes em Vodú, então neste livro vou dar-lhe indicações básicas para preparar um altar simples e realizar alguns feitiços.

Basicamente, a metodologia é igual a todos os sistemas mágicos, a intenção e concentração do operador (o mago) é fundamental, e o respeito aos espíritos ancestrais.

Preparar um altar básico.

Coloque uma mesa de madeira pequena com uma toalha branca. Ponha um copo com água. Numa tigela de vidro coloque um pouco de terra e sal grosso. Acenda uma vela branca. Algumas pedras cristais. Certas pessoas colocam fotos dos seus antepassados ou flores. Pode, por exemplo, colocar o símbolo (*vevê*) de um *loa* como Damballa. Pode utilizar pano verde claro ou então branco, no altar.

O símbolo de Damballa é o seguinte:

Pode oferecer, no altar, um copo de rum, e acender cigarrilhas, ovos (inteiros, crus), flores, coco. Velas brancas.

A serpente cósmica Damballa, ou Dambalá, é poderosa. Nas sociedades que o veem como criador, criou o cosmos usando as suas 7 000 bobinas para formar as estrelas e os planetas no céu e modelar as colinas e vales da terra. Extraído do meu livro *"Dimensões Obscuras e Sistemas Mágicos"*.

Saudação:

Me roi e 'Damballah Ouedo, ou ce gran moun, ho, ho, ho, me roi e'. Damballah Ouedo ou ce 'gran moun la k'lle ou.

(O meu rei é Damballah Ouedo. Você é Grande, ho, ho, ho, meu rei é.

Pedir um favor aos espíritos *(loas)* **do vodu.**

Em cada canto do altar coloque uma vela:

A norte uma vela amarela,
a oeste uma vela azul,
a sul uma vela verde,
a este uma vela vermelha.

No centro uma vela preta. Entre a vela preta e a azul coloque um copo de água. Perto da vela vermelha coloque um papel com o seu pedido.

Acenda a vela amarela e diga:

"Espírito sagrado da cruz iluminada norte, vinde!".

Acenda a azul dizendo:

"Espírito sagrado da cruz iluminada oeste, vinde!".

Acenda a verde e diga:

"Espírito sagrado a cruz iluminada sul, vinde!".

Acenda a vela vermelha e diga:

"Espírito sagrado da cruz iluminada este, vinde!".

Acenda a vela negra, por fim, e diga:

"Espíritos sagrados do vodú, escutem-me, venham a mim".

Com a mão direita toque no copo de água e diga:

"Médium dos espíritos sagrados, águas em cima e em baixo, mundos dos espíritos dos mortos e dos oceanos, estou aqui para vos servir".

Olhe para o papel com o seu pedido e diga:

"Ó luz, não há escuridão! Estamos na presença da eterna luz."

Diga a seguinte prece:

"Estimados espíritos do vodú, o que eu desejo receber de vós está escrito neste papel. Peço-vos que me ajudem a conseguir obter o que tanto desejo. Sei que podem ajudar-me, aqui fica a minha oferenda".

Esfregue a palma das mãos uma na outra e depois envie energia para o altar. Beba o copo de água, a qual tem energia dos espíritos.

Apague as velas e retire-as do altar por esta ordem; negra, vermelha, verde, azul e depois amarela.

Bata as palmas e diga:

"Está feito! Sagrados espíritos".

Guarde as velas. O papel com o pedido pode guardar numa gaveta e todos os dias leia para reavivar o desejo. Repita o ritual sempre que desejar.

Outro ritual para pedir ajuda.

Faça ao amanhecer, olhando para a saída do sol nascente, após tomar um duche frio. Queime incenso e acenda uma vela azul, enquanto invoca a Legba pedindo-lhe que venha em sua ajuda.

*"Rogo a Legba que venha e me ajude neste trabalho.
Quero conhecer os segredos espirituais. Sou Luage, o teu irmão gémeo aqui na terra. Rogo-te, Senhor do conhecimento, oferece-me a tua ajuda".*

Medite um pouco.

Se quiser que as energias de Legba possam fluir através de si, como um médium.

Diga:

"Quero ser útil, ser o teu cavalo, senhor Legba. Usa-me como foco emissor da tua energia para direcioná-la àqueles que necessitam".

Boneco Vodú.

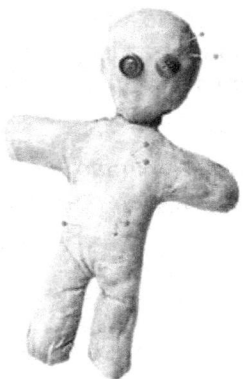

O objetivo do boneco(a) é representar a pessoa a ser enfeitiçada e manter conexão energético-espiritual com essa pessoa (por objetos, raspas de unha ou fios de cabelo).

Antigamente, os bonecos poderiam ser feitos em pano ou em barro (pois mitologicamente viemos todos da terra, o barro contém alguns elementos em comum com os do nosso organismo, etc.). Porém, em pleno século 21, poderá ainda utilizar massa FIMO. A massa FIMO é uma espécie de massa de moldar, mas com o tempo (ou no calor do forno) seca e fica dura.

Esta massa de moldar é vendida mundialmente e produzida pela empresa alemã Staedtler Fimo. A massa é idêntica à plasticina e ao barro, contudo, é composta de partículas de policloreto de vinil (policloreto de vinila). Mas tem a particularidade de endurecer definitivamente após algum tempo. Escolha massa de tonalidade bege (igual à cor da pele) é ideal para fazer bonecos vodú.

Aliás, se não tiver jeito para esculpir, pode inclusive usar moldes (no *eBay*, *Aliexpress*, ou lojas de artesanato encontrará).

Na cabeça, se quiser que fique semelhante à pessoa-alvo, poderá inclusive colocar a foto da pessoa. Há que inovar e fazer diferente!

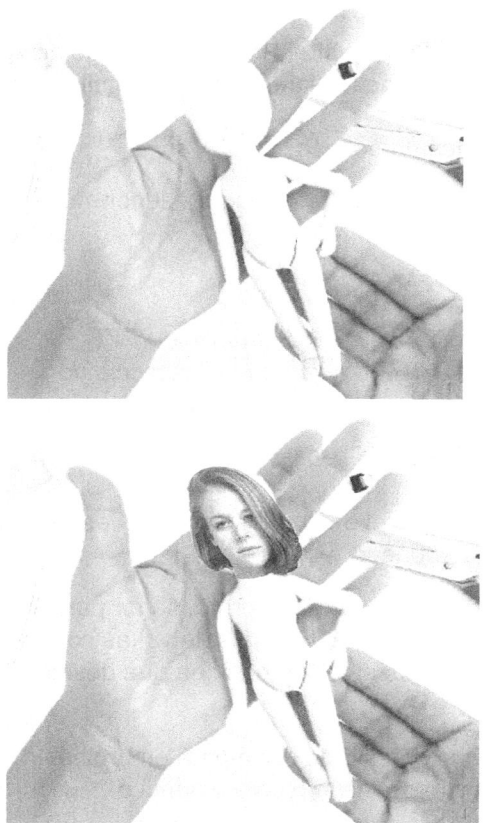

Boneca sem foto, boneca com foto recortada e colada.

Ingredientes:
Sangue de galinha que será usado na escrita, massa FIMO, pincel, 9 alfinetes, um pouco de terra de cemitério, raspas de unha da pessoa ou fios de cabelo, pano preto e um pano vermelho, linha preta, 1 bisturi, 1 foto da pessoa-alvo.

Instruções:
Numa quinta-feira ou sexta-feira à meia-noite junte os ingredientes.
Se o boneco(a) for para causar o mal a um inimigo, misture terra de cemitério com a massa de modelar.
Se for para trabalhos amorosos misture pó de raiz de mandrágora.

Faça um boneco(a) com massa de modelar, se necessário use molde. Com o bisturi, ou outro objeto cortante, abra um corte na barriga do boneco(a) e coloque itens pessoais da pessoa (seja fios de cabelo, raspas de unha, um pedacinho de roupa, etc.). Se for um inimigo ao qual deseja causar sofrimento ou doença coloque terra de cemitério. Depois feche a massa de modelar.
Coloque foto da pessoa na cabeça do boneco.

Não se esqueça de fazer também o sexo do boneco(a), se for mulher deverá ter seios e vagina.

Faça a seguinte invocação:

"Jimáguas, Ifá Negre, oiçam-me. Ibo-Lelé, Agouetarroyo,
Simby Endeaux Aux, Baron Samedi, potência do mal, potência do cemitério, invoco Damballa, Dambala rogo que o meu desejo seja realizado.
Ogun Negre, que o meu desejo seja realizado."

Vire o boneco de costas, e com o pincel e sangue de galinha escreva o nome da pessoa nas costas do boneco(a).

Se o boneco for para o mal, embrulhe-o no pano preto, se for para amarração sexual embrulhe no pano vermelho. Dê sete voltas com a linha preta amarrando bem. Espete os alfinetes na zona que deseja influenciar.

Repare; se espetasse os alfinetes antes, não daria para embrulhar bem o boneco(a). Espete depois, mas mesmo com o boneco embrulhado em pano, dá para ter uma noção da região corporal onde irá espetar os alfinetes.

Se colocar na cabeça, é para influenciar a mente da pessoa. Se for no coração é para causar dor, ou desejo ardente (faça o seu pedido, consoante o caso). Na região sexual pode ser para causar desejo, impotência, doenças, etc.

Enterre o boneco perto da casa da vítima.

A magia cigana, à semelhança do Vodú, também contém feitiços com bonecos.

Indico esta:

Magia cigana com boneco.

Faça com massa de modelar, o boneco representando a pessoa amada. Coloque no interior raspas de unhas ou fios de cabelo dessa pessoa. Com uma agulha escreva o nome dele(a) e data de nascimento, nas costas do boneco(a).

Batize o boneco, numa tigela com água (mergulhe, mas retire logo), dizendo:

*"Kon si Tiro Mamus? Kon si Tiro Dadrus? Gana Ta Herne.
Tiro Nav Si (nome da pessoa amada).
Muk Les Si, Ta Jel Sa Duvvel."*

Significa: quem é a tua mãe, quem é o teu pai? Gana e herne, o teu nome é... Que assim seja, vai com Deus.

Se quiser unir duas pessoas, faça um boneco que representa a si e outro que representa a pessoa amada, amarre-os com fio vermelho. Embrulhe num pano vermelho.

Feitiço vodú simples para dominar alguém.

Compre uma vela grossa branca (que dure sete dias), unte a vela com óleo dominador. Salpique a vela por fora com sal e cânfora em pó. Acenda a vela e deixe arder. Na terceira noite pegue o pó que restou da vela e jogue no caminho onde a pessoa-alvo costuma passar.

Receita do óleo dominador:

Rosas, olíbano, madressilva, vetiver (*vetiveria zizanioides*). Misture tudo num pilão e reduza a pó. Se não conseguir obter as ervas pode, em alternativa, comprar óleos essenciais de rosas, madressilva e olíbano e misturá-los.

Feitiço vodú para causar dano ao inimigo.

Pegue teias de aranha de algum lugar da sua casa. Junte as teias num novelo e guarde num pano preto. Procure uma mosca morta e coloque-a no pano preto, envolvida nas teias de aranha (simboliza o seu inimigo). Escreva esta declaração num pedaço de papel:

*"Norte, sul, este, oeste, teias de aranha deverão liga-lo.
Este, oeste, norte, sul, prende os seus membros, ata a sua boca, sela os seus olhos e trava a sua respiração, envolve-o nas teias da morte".*

Segure o papel e guarde-o também no pano preto, faça com o pano preto um saquinho (patuá, *mojo bag*) e costure. Guarde debaixo de um móvel, na sua casa, e deixe acumular pó. Algumas semanas depois pegue esse saquinho preto e queime-o perto da casa do inimigo.

Maldição vodú.

Para arrasar um inimigo.

Ingredientes:
6 velas pretas, incenso de almíscar, cabelos do seu adversário, foto dessa pessoa, vinagre, copo de vidro preto (se não encontrar, pode pintar com tinta acrílica), toalha preta.

Instruções:
O altar geralmente tem toalha branca, mas para este ritual de vingança use toalha preta. Acenda o incenso e as velas pretas. Coloque o copo com vinagre. Diga:

"Conjuro e invoco os loas da destruição".

Olhe para a foto e dirija-lhe o seu ódio, coloque a foto no copo de vinagre. Imagine a pessoa a sofrer.

Diga:

"Espíritos das trevas encontrem (nome do inimigo), destruam a sua vida".

Pegue nas velas (uma a uma) e pingue algumas gotas de cera no copo, diga:

"Encontrem (nome) espíritos da destruição, preencham a sua mente com dor e sofrimento".

Coloque cabelos da vítima no copo. Diga:

"Eu te conjuro (nome da vítima), que a destruição e dor entrem na tua vida, que os espíritos das trevas atordoem o teu corpo com a sua vingança".

Apague as velas (na noite seguinte irá reutilizá-las).

Deixe o altar assim por uma semana, a cada noite que passa repita o ritual.

Pós de Vodú

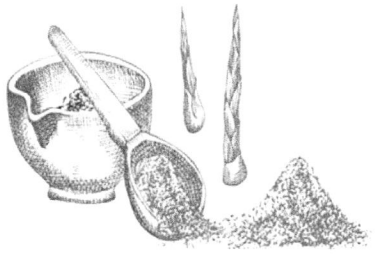

Agora vou ensinar-lhe a fazer alguns pós de Vodú.

Os pós podem colocar-se sobre a foto de uma pessoa, no ombro, ou nas pegadas da pessoa a embruxar. Alguns nomes conhecidos são os "*Hot Foot Powder*" (pó de pé quente) ou "*Goofer Dust*".

Se viu o local onde essa pessoa deixou pegadas na areia pode, com uma colher, recolher um pouco da areia dessa pegada. Outro método é raspar areia da sola do sapato dessa pessoa. Esta prática conhece-se por *foot-track magick*.

Muitos desses pós contêm vários ingredientes, um deles é a areia magnética, passo a explicar como fazer.

Areia magnética:

Pode utilizar limalha de ferro, e raspar dois imanes para gerar mais pó magnético, ou pegar num ímã de colocar no frigorífico (geralmente macios) e raspar num ralador. Adicione ainda azurita raspada. Uma serralharia é um local onde poderá obter restos de limalha metálica.

Receita de *Goofer Dust*.

Para amaldiçoar o inimigo.

Manuseie os ingredientes com luvas (para evitar contactar a pele das mãos com a energia negativa). Junte um pouco de terra de cemitério, sal negro, enxofre, pele de cobra seca, areia magnética. Num pilão macere bem para reduzir tudo a pó.

Numa quarta-feira de lua minguante, adicione pimenta-preta, insetos secos reduzidos a pó. Esse pó poderá guardar num frasco de vidro, coloque na pegada de um inimigo ou misture um pouco da areia da pegada dele (ou do sapato) com o frasco.
Poderá ainda espalhar na soleira da entrada da casa dele(a).

Hot Foot Powder.

Pimenta em pó, pimenta vermelha e preta em pó, enxofre. Numa sexta-feira de lua minguante, acenda uma vela preta e ritualize (diga a sua intenção) esse pó. Guarde-o num frasco de vidro escuro, mas fora da sua casa.

Pó afasta-inimigos.
Junte terra de cemitério, terra duma encruzilhada, enxofre, sal grosso, pimenta-preta. Numa segunda-feira de lua minguante, reduzir a pó num pilão. Use sempre luvas para mexer nessa terra. Guarde num frasco de vidro fora da sua casa.

Por vezes utiliza-se sal preto, pode comprar já feito (em lojas esotéricas).

Mas se quiser pode fazer. O sal preto (sal das bruxas) tem variadas receitas, todas elas diferentes. Geralmente adicionam-se elementos escuros, cinzas e ervas queimadas.

Pode misturar sal grosso com: cinzas, carvão, arruda e louro queimados, pimenta-preta em pó. Reduzir tudo em pó num pilão.

Se quiser um sal preto mesmo "fodido", adicione terra de cemitério no pilão. Pode inclusive batizá-lo: "*Pó Puta que Pariu*", "*Pó Enterra Inimigo*", etc.

Santeria

Vou fazer um pequeno resumo, pois o objetivo deste livro é ser um formulário mágico.

A Santeria é muito predominante em Cuba, mas também noutros países da América latina, teve a sua origem nos escravos africanos Ioruba. Esta religião, tem sincretismo com alguns santos católicos e os seus Orixás, para ser melhor aceite (na época havia forte dominância do catolicismo), à semelhança da Umbanda que também tem sincretismo.

Santeria significa "O caminho dos Santos" mas também era conhecida por "*La Regla de Ocha*", quem a pratica é um santero.

Em Cuba também surgiu outro culto (derivado dos escravos africanos e o sincretismo) que foi o Palo Mayombe (ou *La Regla de Congo*), por vezes chamado de Palo Monte.

No Caribe pratica-se também Palo, os praticantes são *paleros* ou *mayomberos*.

Apesar do sincretismo entre Orixás e "santos católicos" e alguma influência do espiritismo, este culto recorre a trabalhos pesados e sacrifícios animais nas oferendas, à semelhança do Canbomblé africano ou da Quimbanda brasileira.

Em Cuba, são também muitos os narcotraficantes que recorrem às práticas de Santeria.

A maioria de feitiços utilizam ervas e plantas características de Cuba ou Venezuela, não é fácil um cidadão na Europa adquirir os ingredientes (poderá tentar comprar em lojas esotéricas online espanholas). Selecionei os feitiços com ingredientes mais fáceis de obter e realizar. Obviamente para ser um santero, o leitor teria que estudar e praticar durante anos e ser iniciado na Santeria.

Mas pode realizar os feitiços neste livro, pois a magia pode ser realizada por qualquer pessoa desde que tenha respeito, concentração, intenção e foco.

A magia é a arte de causar influências na realidade sob intenção, através de rituais próprios, intenção e fé.

Sei o que estou a afirmar, a Santería acredita que todos nós temos um Orixá e entidades que nos orientam. No espiritismo Venezuelano e culto de Maria Lionza, por exemplo, utilizam o termo "*Cuadro espiritual*" para o panteão de espíritos familiares ancestrais que nos guiam. Espíritos guardiões familiares (ancestrais seus diretos, desencarnados) protegem-no. No Vodú também se fazem pedidos aos ancestrais.

Todos nós temos um "Quadro espiritual", os espíritos podem ser não apenas os familiares desencarnados, mas também outros espíritos que tenham afinidade energética connosco.

Amarre sexual com boneco.

Não só o Vodú tem feitiços com bonecos, como também outros sistemas mágicos (a magia cigana, celta, o candomblé, a Santeria, entre mais).

Este feitiço de Santeria também recorre a bonecos para amarrar uma pessoa.

Ingredientes:
óleo atrativo, açúcar, manteiga de cacau, coração de um galo (ou galinha), papel pequeno, 9 alfinetes, fita vermelha, canela, vinho doce, roupa íntima sua, objeto pessoal da pessoa amada, boneco de trapo.

O óleo atrativo pode comprar numa loja esotérica ou faça o seu próprio (misturando 20ml de óleo de amêndoas, gotinhas de vaselina líquida, mel, 3 gotas de patchouli).

Instruções:
Primeiro faça um boneco pequeno de trapo representando a pessoa amada, coloque o objeto pessoal dela dentro (pedaço de tecido, cabelos, um anel, etc.).

Mate o galo e retire o coração (se quiser embruxar um homem). Se quiser enfeitiçar uma mulher use coração de galinha. Escreva o nome da pessoa amada no papel e enrole sobre o coração do galo, com fio vermelho. Coloque o coração sobre o boneco de trapo e espete os 9 alfinetes; faça a sua declaração:

"Eu te domino, serás apenas meu/minha" (diga o nome completo da pessoa)

Depois unte o boneco com manteiga de cacau, um pouco de vinho, canela, envolva a sua roupa íntima à volta do boneco, com fita vermelha.

Pode guardar num lugar escondido.

PS: com o tempo o coração de galo vai ficando seco (desidratado).

Amarração com boneco II:

Ingredientes:
Boneco(a) de trapo, terra de cemitério, frasco de vidro grande, azeite de cobra e pele de cobra (compre em loja esotérica).

Enxofre, planta picão-preto (*bidens pilosa*), pimentas secas (para reduzir em pó), fita preta, fita amarela e fita vermelha. Limalhas de metal, açúcar, papel, objeto pessoal da pessoa a ser embruxada, óleo dominador.

Nota: óleo dominador compre em lojas esotéricas, ou faça o seu (misturando 20ml de óleo de amêndoas, canela, 1 malagueta).

Instruções:
Pegue o boneco de trapo, e coloque dentro o objeto da pessoa embruxada (seja um anel, ou fios de cabelo, pedaço de tecido, etc.).

Coloque os restantes ingredientes dentro. Quando colocar enxofre diga (nome da pessoa amada) que ela sofra por si e fique sob domínio.

Ao colocar terra de cemitério diga o mesmo. Ao colocar limalhas de metal diga que essa pessoa deve sentir-se atraída magneticamente por si. Ao colocar o açúcar diga (nome da pessoa), deve sentir-se enamorada e apaixonada por si, submissa.

Coloque as pimentas reduzidas a pó e diga que a pessoa sente tesão por si.

O papel com o nome dessa pessoa escrito fica dentro do boneco.

O óleo de domínio serve para ungir o boneco. Visualize a pessoa amada, declare que ele(a) está sob o seu domínio.

Depois amarre a fita amarela (que simboliza a parte mental) na cabeça do boneco(a), a fita vermelha (amor, desejo) ao peito e amarre a fica preta nos pés do boneco(a), simbolizando domínio sobre ele(a).

Coloque o boneco(a) de cabeça para baixo, dentro do frasco. Encha o frasco com óleo de cobra e a pele de cobra dentro.

Diga:

"Virás rastejar até mim, como uma cobra".

Guarde o frasco.

Para o ritual ser mais forte, deve sacrificar um galo (se o feitiço for para embruxar um homem), ou galinha (se for para embruxar uma mulher), deixando numa encruzilhada para Exú com velas pretas e vermelhas.

Quanto aos bonecos, obviamente tem mais força mágica se for você a fabricá-los. No entanto, se não tiver jeito, pode comprar bonecos em formato humano numa loja de artesanato. Exemplo:

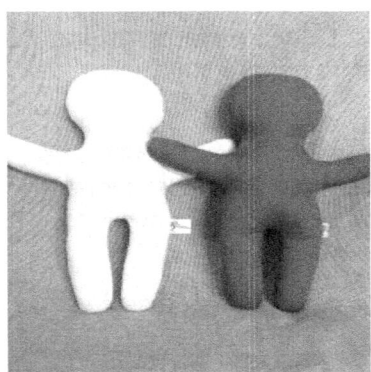

Contudo, é importante que personalize o boneco(a), com caneta desenhe o rosto, escreva o nome da pessoa amada, segure-o com as duas mãos e visualize a pessoa amada e faça uma declaração do tipo:

"Fulano, eu te domino. Só terás olhos para mim".

Com um bisturi abra um corte e coloque dentro do boneco os ingredientes mágicos, foto da pessoa, óleos, etc.

Se o feitiço for algo mesmo barra pesada (destruir um inimigo, causar doença ou morte), use um boneco com pano preto, um coração de galo (para homem inimigo) ou de galinha (para mulher inimiga). Tem de ser você mesmo a cometer o ato de sacrificar o animal, comprometa-se, envolva-se. Nesse coração espete agulhas e imagine que é o coração do inimigo.

Tipos de velas

Existem dezenas de formatos de velas, cada uma no seu formato e cor, para variados fins. Obviamente saberá que a cor vermelha é para trabalhos de amor e sexo, a negra é para causar o mal, o branco é uma cor neutra ou para a estabilidade emocional, verde é para a saúde (ou dinheiro, sorte), amarelo par amizades ou questões mentais, intelectuais, e por assim adiante.

Algumas velas pelo formato, denotam o seu objetivo.

A tesoura serve para "cortar" situações, ou uma ligação com alguém, ou cortar um malefício.

As velas em formato de casal servem para influenciar uma relação (se for vermelha serve para amarração, aumentar o desejo, etc.), se for negra serve para separar um casal.

Vela em formato de cruz, pode servir para lançar maldição ou morte a alguém.

Vela em formato de pessoa serve para influenciar essa pessoa (à semelhança do boneco vodú).

Vela em formato de crânio serve para influenciar a mente dessa pessoa (e se for negra pode causar doença severa ou morte ao indivíduo).

Vela em formato de sexo (pénis ou vagina) é para assuntos sexuais. Se for vermelha geralmente serve para causar desejo. Se for negra pode, por exemplo, causar doença no órgão sexual dessa pessoa ou impotência.

Algumas velas têm, por exemplo, sete pavios (chamam-se 7 mechas) e contêm pequenos grãos de pólvora dentro, que fazem uma faísca e um som característico. Servem para desmanchar trabalhos contra si, destruir inimigos, etc. Algumas delas contêm ainda sal e ervas como arruda, no seu exterior.

Vela pirâmide: para assuntos materiais, negócios, etc.

Vela formato ferradura, ou trevo (para sorte).

Vela em formato de espada (espada de Ogum); defesa.

Vela em formato de chave: abre caminhos. A vela em formato "nó" tem a mesma função, desata obstáculos e os nós da vida.

Vela em formato de coração; assuntos de amor.

Vela em formato de figa; quebrar invejas, mau-olhado ou inimigos.

Vela em formato Cruz.

Fica aqui um exemplo de feitiço para desejar morte a um inimigo. Escreva com um alfinete o nome do inimigo na vela. Volte a cruz de cabeça para baixo e raspe a cera (da base) até ficar visível o pavio. Então acenda-a invertida. As gotas de cera devem pingar para um pires, deixe a vela arder toda nesse pires.

Os restos da cera deverá deixar num cemitério.

Vela crânio preto.
Para gerar confusão na cabeça do inimigo.

Grave o nome do seu inimigo, com agulha, nessa vela. Unja a vela com óleo "confusão" e polvilhe com sal negro. Acenda a vela. Os restos da cera deite numa encruzilhada.

Receita do óleo confusão:
Misture pimenta-da-guiné, raiz de chicória, raiz de alcaçuz, musgo, teia de aranha. Reduza a pó num pilão.

Velão 7 mechas.

Existem de variadas cores, alguns com sete cores (tipo arco-íris) que representam as sete potências africanas. As sete mechas (pavios), têm funções diferentes e consoante a oração ou decreto que se faz, podem fazer-se sete pedidos ou ordenar sete funções. Certas velas podem ter 9 pavios. Consoante a cor da vela existe um significado diferente e objectivo diferente. Vermelho é associado a trabalhos de amor, sexo, paixão. A cor negra pode servir para causar o mal a alguém ou então para desmanchar bruxedos contra si próprio. Esses velões em Espanha são chamados "*Tumba Trabajo*" (destrói trabalho), um trabalho neste caso refere-se a um trabalho de magia negra; bruxedo.

Velas de Casal.

Consoante a cor da vela e o formato, serve para diferentes objectivos. Cor vermelha e casal unido é para amarração sexual ou adoçamento. Vela negra e casal de costas é para causar separação ou discussões.

Cabeça de cera.

Para influenciar a mente de uma pessoa.

Velas bicolor, ou traçadas.

Como referi no início, velas de duas cores são associadas a algumas entidades. Preta e vermelha é para Exú ou Pomba Gira.

Pretos-velhos incluem velas bicolor (preta e branca).

Caboclos de Ogum, velas bicolor (branca e vermelha).
As caboclas têm vela bicolor branca e verde, a Orixá Ossãe também.
Vela de Omulu pode ser bicolor: preta e amarela.

Vela das 7 Potências.

Todas as velas grossas duram cerca de 6 a 7 dias a derreter, por isso às vezes chamam "Vela de sete dias", exceto aquelas com sete ou nove pavios, pois, devido a estes derretem mais rápido (várias chamas na vela).

A vela arco-íris tem sete cores, simboliza os sete chacras e as sete frequências, ainda simboliza as sete Potências africanas (7 Orixás mais fortes) a ser trabalhados. O sistema pode variar consoante o sistema (Umbanda, Candomblé, Santería Cubana, Voodoo, etc), eu prefiro esta ordem: Obatalá, Xangó, Elleguá, Oxum, Ogum, Orunmila, Yemanjá.

Existe uma variante da vela, que representa as 7 potências igualmente, mas assemelha-se mais à vela 7 mechas. É esta:

Esta vela serve para desmanchar feitiços, defesa contra inimigos, etc.

Vela Tesoura.

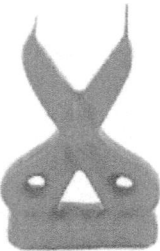

Serve para "cortar" algo. Se for vermelha pode cortar uma relação amorosa, cortar um trabalho de amarração, etc. Se for preta pode, por exemplo, cortar malefícios, cortar um bruxedo realizado contra si, etc.

Também existem velas em formato de Pombagira e de Exú, ou com o Tridente de Exú, para trabalhos específicos com essa entidade.

Vela Serpente.

Velas em forma de serpente cascavel podem ser úteis para afastar inimigos (visíveis ou invisíveis).

Existem dezenas de outros formatos diferentes, este foi um pequeno exemplo.

As velas em formas específicas (cabeça, serpente, 7 mechas, pénis, vagina, cruz) terá de comprá-las assim, a não ser que tenha um molde para produzi-las. Mas as velas simples e de cores, recomendo que compre em cera de abelha (existem em variadas cores, eles adicionam corante). Alguns bruxos pensam ser indiferente usar velas de parafina comuns (de lojas esotéricas) ou as de cera de abelha, porém, acredito que um ingrediente nobre como cera de abelha tem mais energia. Antigamente utilizavam-se velas de sebo ou cera, a qual demora mais tempo a derreter, geram maior energia e luz astral, deixam sobras (que pode jogar no mato, ou num despacho).

As velas de parafina evaporam praticamente 99% de todo o material e quase nem deixam sobras.

Exemplo de velas de cera de abelha:

As velas de figura que comprar em lojas esotéricas, garantidamente são parafina (um ingrediente mais barato, pois eles fabricam em série milhares de velas). Mas deve carrega-las com intenção e energia; ungindo com um óleo mágico apropriado.

Por exemplo, vela de casal: ungir com óleo atrativo ou mel, polvilhar com canela, com pimenta.

Vela crânio preto, cruz preta, ou casal preto: ungir com óleo destrutivo, colocar areia de cemitério, pó de raiz de mandrágora, etc.

Proteção

Como referi inicialmente, é sempre útil usar um talismã (pendente, ou anel), em metal nobre para melhor absorver as energias quando o consagrar.

Consagrar um talismã.

Existem diferentes formas, esta é assim:

Acenda uma vela branca e incenso de sândalo, passe o talismã pela chama e pelo fumo, dizendo:

*"Consagro este objeto com os poderes da terra, ar, água, fogo e espírito. Que, conforme a minha vontade, possa servir-me neste mundo e entre mundos.
Assim seja.".*

Repetir ao todo sete vezes.

Um feitiço de banimento e liberação

Feitiço egípcio.

Este feitiço é usado principalmente para banir um hábito ou comportamento indesejado; devido à ação destrutiva envolvida.
As ramificações de usar esse feitiço para banir uma pessoa podem ser grandes, independentemente das suas intenções positivas.
Embora os antigos egípcios usassem tabuletas de maldição para qualquer número de doenças de natureza pessoal ou comportamental.

Este feitiço pode ser executado a qualquer momento, mas o melhor horário é num sábado durante a lua minguante.

Itens:
Uma vela dourada, para representar o deus Seth. Uma vela prateada, para representar a deusa Sekhmet. Incenso de cipreste, óleo de

banimento, argila de modelar (secagem em forno). Uma agulha ou caneta preta, um incensário, um apagador de velas.

Óleo de banimento: 2 gotas de óleo de cipreste, 2 gotas de pimenta-do-reino, 2 partes de cominho, um pouco de arruda, óleo de rícino.

Ritual:
Acenda o incenso e, em seguida, molde a argila num prato ou tablete. Enquanto faz isso, reflita sobre todos os motivos pelos quais deseja que esse comportamento desapareça. Partilhe os seus pensamentos com as divindades, sendo o mais específico possível.

Quando terminar, use a agulha para inscrever o seu pedido no barro antes de secar, ou use o marcador preto depois de secar. Unja a placa ou tablet com uma gota de óleo de banimento, então unja a vela dourada, da base ao topo, com óleo de banimento e acenda-a. Passe o prato ou tablete seco sobre a chama dourada vela e a fumaça do incenso enquanto recita:

"Seth, Deus da Destruição, ouça a petição do seu humilde servo, (seu nome). Sofri o suficiente com (o que deseja afastar),
use o Seu imenso poder para fazer reinar o caos,
Senhor da tempestade, traga tranquilidade deste caos,
Seth, Deus do sofrimento, ponha fim ao meu tormento,
e ouça o meu apelo."

Unte a vela prateada, do topo à base, com óleo de banimento e acenda. Passe o item de argila sobre a chama da vela prateada e a fumaça do incenso enquanto diz:

"Sekhmet, deusa da destruição,
ouça a petição do seu humilde servo, (o seu nome)

Sofri o suficiente com (o que você deseja repelir),
use o Seu imenso poder para me dar coragem,
para fazer o que deve ser feito,
Senhora da Chama,

traga paz para a minha alma perturbada,
Sekhmet, Senhora do linho vermelho brilhante.
Ponha fim ao meu tormento, e ouça o meu apelo."

Coloque o prato ou tablete no altar e coloque as duas mãos com as palmas voltadas para baixo sobre ele.

Recite:

"Invoco os Antigos, para ouvir a minha petição,
eu clamo por ti das profundezas do desespero,
peço a vossa orientação e proteção, na destruição desta placa.
Rezo para que esta ação não vá causar-me nenhum dano,
mas fará (o que deseja repelir) desaparecer.
Traga este desejo à realização, eu sou seu humilde servo, (seu nome).

Oiça o meu apelo, que eu possa ter paz e tranquilidade.!

Apague as velas, pegue no seu prato ou tablet e vá para fora. Com toda a sua força, levante-o bem acima da cabeça e jogue-o no chão.

Respire profundamente e sinta a liberação da emoção. Depois de alguns momentos, varra o máximo de argila que puder e jogue-a na lata de lixo.

Desmanchar um feitiço que outro lançou contra si.

Magia Celta.

Ingredientes:
1 caldeirão pequeno, 3 velas pretas, incenso ou folhas de louro, 1 pergaminho, flores de sabugueiro e manjericão, carvão litúrgico.

Instruções:
Realize este feitiço numa noite de quarto minguante. Coloque o caldeirão entre duas velas negras, coloque uma terceira vela preta à sua frente. Queime as folhas de louro no caldeirão sobre o carvão incandescente.

Escreva num pergaminho o nome do seu inimigo ou "Todos os meus males".

Coloque no caldeirão, espalhe por cima flores de sabugueiro e manjericão. Diga:

*"Ferve, ferve, caldeirão ferve, queima o mal, destrói o sarilho.
A escuridão acabou, veio a luz, ganhei a batalha".*

Todas as cinzas deverá atirá-las ao vento e ao luar.

Pantáculo de Marte:

Esta receita tirei de um antigo formulário de Alta Magia.

Desenhe este pantáculo de Marte, com uma pluma vermelha (pena de ave) e tinta mágica vermelha (compre em lojas esotéricas). Deve desenhar esse pantáculo num pergaminho virgem. A hora indicada é na hora de Marte (por exemplo, Sábado às 10h00 da manhã ou 03h00 da madrugada). Sexta às 06h00 da madrugada.

Um exemplo de tinta mágica vermelha (em lojas esotéricas) pode ser sangue de dragão, possui esse nome e cor vermelha pois é produzida à base de resina da árvore Dragoeiro (*Dracaena*).

Este pantáculo, em pergaminho, pode usar no bolso ou carteira, para proteção contra emboscadas, ou de choque de retrocesso de feitiços que tenha realizado.

Nota:
Pantáculos são símbolos que possuem um significado de natureza mágica ou esotérica. Não confundir com pentáculos que possuem um significado mais restrito.

Podem ser desenhados ou gravados em pergaminhos, peles, ou amuletos de metal. A palavra Pantáculo, de origem grega, é composta por *pan* (tudo, todo) e *kleo*, que significa "honra", ou mesmo, "renome".

Simbolizam, captam e mobilizam, simultaneamente, poderes ocultos, tanto do cosmo, dos planetas e estrelas, da natureza e especialmente dos mundos internos do próprio homem, são canais de receptividade da energia cósmica.

Fortalecer a sua cabeça.

No candomblé quando se consulta o oráculo dos búzios (*dillogún*) para consultar a sorte (*odu*) pode por vezes ser anunciado um mau presságio ou negatividade (*osogbo*).

Para se livrar desse *osogbo* (negatividade, malefícios) lave a sua cabeça com uma decocção destas ervas:
Beldroega (*portulaca oleracea*) também conhecida no idioma ioruba por *ewe ekisan*. Erva-de-passarinho (*Struthanthus flexicaulis*) conhecida em ioruba por *Afoman*.
Folhas de inhame. Ewe significa folhas ou ervas, mas mais concretamente a força astral e mágica dessas ervas.

Tirar feitiço do seu lar.

Coloca-se sobre o telhado da casa uma cabaça aberta, com um pouco de *ekó* dentro e folha de *Odundun*. Embrulha-se num pano vermelho. Após sete dias despacha-se no mato. *Ekó* é uma comida de oferenda feita com milho branco cozido (sem sal) formando uma pasta. *Odundun* é uma planta conhecida como saião (*Kalanchoe crenata*).

Banho de descarrego:

Limpar energias negativas ou mau-olhado, funciona mesmo.

Ingredientes: Sal grosso, espada de-são-jorge (*Sanseviera trifasciata*) erva de-santa-Bárbara (*barbarea vulgaris*), palma-de-santa-Rita (*gladiolus grandiflorus*), e alecrim.

Instruções:
Coloque todas as folhas, de três até nove, em 2 litros de água e após fervida e retirada do lume, deixe a infusão por uma hora e amornar. Após um banho normal, deite o líquido do pescoço para baixo.

Faça a seguinte oração:

*"Ó meu São Jorge, meu Santo Guerreiro e protetor,
Invencível na fé em Deus, que por ele se sacrificou.
Traga no vosso rosto a esperança e abra os meus caminhos.
Com a sua armadura, a sua espada e o seu escudo, que representam
a fé, a esperança e a caridade, eu andarei vestido, para que os meus
inimigos, tendo pés não me alcancem. Tendo mãos não me peguem,
tendo olhos não me observem.
E nem pensamentos possam ter, para me fazer mal.
Armas de fogo ao meu corpo não alcançarão, facas e lanças se
quebrarão sem ao meu corpo chegar, cordas e correntes se
arrebentarão sem o meu corpo tocar."*

Lâmpada Mágica para Exú para Proteção:

Aqui está um feitiço do meu livro, Exú, o Malandro Divino que deixa você com um bom óleo você pode usar para outras obras.

Para fazer óleo Exú poderoso para proteção, encha o fundo de uma lâmpada a óleo com azeite e adicione alguma sálvia, manjericão, gengibre, uma ponta de flecha e tape com óleo de mamona. Coloque a lâmpada no seu altar diante de uma estátua ou boneca de Exú, acenda-a e deixe-a queimando enquanto evoca Exú.
Bata três vezes no altar em frente da lâmpada e diga:

*"Exú! Exú! Exú! Sou eu (diga seu nome). Eu preciso da sua proteção
Exú, de (declare porque precisa de proteção). Exú, dono da
encruzilhada, com seu tridente, capa e chapéu, tome cuidado e
proteja-se ao amanhecer.
Pegue todo o mal que veio aqui, agarre pela cauda, e jogue-o nas
profundezas do nada.*

*Faço esta oração para que meus inimigos tombem e eu estou cercado
no seu muro de proteção de fogo, purificado pela chama,
transformado pela noite."*

Quando terminar, apague a lâmpada. Repita isso por sete dias. Após ter dito essas orações, coe o óleo das ervas e coloque numa garrafa de vidro. Agora tem um poderoso Óleo Exu para proteção que pode usar para ungir as portas da sua casa, carro, local de trabalho ou em qualquer lugar que sinta a necessidade de proteger.

Limpar invejas ou negatividade da aura.

Ingredientes:
galho de arruda, 1 vela branca, 1 raiz de mandrágora.

Instruções:
Pegue um galho de arruda e acenda uma vela branca.

Na mão esquerda, segure o galho de arruda, passe pelo corpo como se estivesse a "varrer" energias negativas e diga:

"Fora!".

Pegue o galho de arruda e quebre-o em pedacinhos, e queime na chama da vela, deixe num pires.

Diga:

"Peço às forças superiores para desvendar o véu para mim e mantê-lo sempre coberto para os outros. Que as suas perceções enganosas e a sua inveja nunca me toquem".

O pedaço de raiz de mandrágora use no bolso, sempre, como amuleto.

Glossário de termos

Abrir caminhos:
Retirar os entraves energéticos e espirituais que estejam a impedir o fluxo natural da vida da pessoa.

Amarração:
Feitiço para "amarrar", "prender" a pessoa amada, forçando-a a gostar de si. Acoplação áurica.

Azeite de dendê:
É produzido a partir do fruto da palmeira conhecida como dendezeiro, originária do oeste da África. Utiliza-se em ebós de oferenda pois tem propriedades de condensador de energias. Condensador é um elemento capaz de condensar a intenção do mago e as energias do ritual.

Descarrego/ descarga:
Descarrego em religiões afro-brasileiras como Umbanda e Candomblé, é um ritual empregando banhos de ervas, orações e outros para livrar uma pessoa de, bem como livrá-la de energias deletérias

Ebó:
É uma oferenda ritual (comida, bebidas, frutos, sangue, etc.) que se deixa para os Orixás, ou Exús, conforme o caso. Também chamado de despacho ou trabalho. O sangue de animais contém energia "Axé".

Há diferentes tipos de ebós, um ebó "branco" ou "seco" é um ebó sem sacrifício de animais. Oferendas podem ser chamadas "obrigações", porém esse significado é mais abrangente e além de serem oferendas regulares.

Efígie:
O termo significa figura, uma pequenina estatueta ou boneco a representar a pessoa que se enfeitiça (o boneco vodú é um exemplo). Em grego diz-se que deriva do termo *dagyde* (embora essa palavra não pareça grega).

As velas mágicas em forma de casal, também podem ser consideradas um exemplo. Os rituais para influenciar alguém com a sua figura podem denominar-se envultamento.

Engrimanços:
Termo muito antigo, significa oratória extravagante, eram rezas e conjurações aos espíritos. Sinónimos: conjuros, rezas, fórmula mágica.

Envultamento/ envultar:
Envultamento é um nome dado a ritos mágicos baseados na utilização de objetos, como imagens de cera, figurinhas, bonecas (por exemplo, as utilizadas no vudu) chamados de "vultos", que representam uma pessoa e aos quais se direcionam feitiços para transmitir efeitos de embruxamento. Do francês *envoûter*, derivado do latim *vultus*, "face, efígie, retrato".

Fetiche:
Fetichismo ou fetiche pode referir-se ao culto de objetos (estatuetas,

por exemplo) que se supõe representarem entidades espirituais e possuírem poderes de magia.

Mas geralmente, significa algum tipo de objeto para um ritual ou figura que representa a pessoa a embruxar. Alguns creem que deriva da palavra "feitiço", ou do francês fétiche e que significa "amuleto", "criado artificialmente".

Filtros:
Do latim *philtrum*. São uma espécie de poções mágicas para enamorar, beberagem ritualizada e com finalidade de encantar outra pessoa.

Mandinga:
Outra expressão para trabalhos de magia no candomblé ou quimbanda. Os *mandinka* eram raça de negros cruzada com elementos berbere-etiópicos (os mandingas eram considerados grandes mágicos ou feiticeiros).

Macumba:
A expressão é utilizada para definir bruxaria. Porém, macumba era um instrumento africano de percussão, utilizado nos ritos. O termo deriva de me'kūbe. Hoje em dia o termo também serve para definir cultos afro-brasileiros com sincretismo entre Orixás e os santos católicos. Na língua bantu, *makiumba* seria um espírito negativo que surge de noite (*kiumba* ou *qiumba* é um espírito ruim ou alma penada). O prefixo *Ma* também pode significar plural, então *Makiumba* são vários *kiumbas* (almas penadas no geral). Macumba também tem esse nome porque o culto se praticava de noite, pelos escravos.

Mironga:
"Mironga" vem do quimbundo milonga, plural de mulonga, mistério, segredo, mas pode também significar quezília.

Porém, essa palavra utiliza-se para referir aos feitiços de preto-velho, mandinga dos espíritos.

Obrigações:
Oferendas periódicas. Significa ainda um ritual de iniciação dentro de um culto (candomblé, juremeira, etc.) ou oferenda de purificação. O termo utiliza-se mais no Candomblé, todos os filhos de santo (praticantes) devem oferecer obrigações (ebós de comida e sacrifícios) para os seus Orixás.

Quebra-feitiço:
Como o nome indica, é um ritual para desmanchar algum feitiço. Sinónimo; quebra demanda.

Sinónimos, expressões brasileiras, para feitiço: bruxedo, mandinga, macumba, mironga, magia, trangomango, sortilégio, demanda, trabalho, caborje.

Simpatias:
São as comuns magias populares.

Sortilégio:
Ato de enfeitiçar. Em latim *sortilegium* significa adivinhação. Sinónimo: encantamento.

Unguento:
Uma pomada, bálsamo, feito com eras e óleos especiais pelos bruxos(as).

Vestir a vela:
Ungir com um tipo de óleo ou polvilhar com ervas.

Virar a cabeça:
Ou influenciar a cabeça, fazer a cabeça. Fazer uma macumba para influenciar a mente de certa pessoa.

Recomendo vivamente que leia os meus outros livros:

"Formulário Mágico – 620 Feitiços".
São muitos feitiços e diferentes dos deste livro.

"Dimensões Obscuras e Sistemas Mágicos".
Grimório completo sobre Luciferismo, magia Suméria, a verdadeira Goétia, vários rituais.

"Vampyros Magicae- Magia vampírica real".

Encontre na Amazon, em versão impressa ou *eBook*.

Bibliografia

Algumas obras consultadas.

"Ritos de Trabalhos com Fotos". (Anabela Quental).

"O Livro Vermelho da Pomba Gira". (Zaydan Alkimin).

"Livro de S. Cipriano- Capa preta".

"Magia Celta". (Raymond Buckland).

"No Reino da Feitiçaria". (N. A. Molina).

"Ebós. Feitiços no Candomblé". (Ogã Gimbereua).

"666 Ebós para todos os Fins". (autor desconhecido).

"Grimório Hoodoo".

"Voodoo Hoodoo Spellbook". (Denise Alvarado).

"Hechizos Y Firmas para Brujeria". (Joselito Velázquez).

Wikipédia

Obviamente para escrever este livro consultei algumas obras, mas faço referência aos títulos e autores na bibliografia, a grande parte dos textos escrevo eu, ainda canalizo espiritualmente algumas partes.

Não faço copy & paste, dou crédito às obras consultadas. Por vezes, encontro sujeitos que plagiaram os meus livros na íntegra, e costumo agir legalmente e ainda dizer à Amazon para remover esses eBooks plagiados. Um dos meus livros plagiados foi "Vampyros Magicae" por um tal sujeito com pseudónimo "Lucifer Faustus", o qual foi já removido. É simples provar que sou dono da obra, basta constatar a data de registo e ISBN na Amazon, o meu foi registado em Novembro de 2021. Além disso, tenho ainda o ficheiro original WORD com a data de criação nos detalhes, o qual enviei à Amazon com outras provas via e-mail.

Tenho ainda números de registo em copyrighted.com, tenho um grande número de leitores e amigos que me avisam sempre que detetam um eBook plagiado.

RE:[CASE 7684491882] Your Amazon Inquiry

ip-inquiries@amazon.es
To asamod@aeiou.pt

3/21/2022 11:43 PM

Reply   Reply all   Forward   Delete

Hello,

Thank you for your message. Please be advised that we are in the process of removing the following Kindle titles from sale on all Amazon sites:

B09T9CV24M

It typically takes 2-3 days for the changes to be reflected on the sites. We trust this will bring this matter to a close.

Complaint ID: 7684491882

Regards,
Amazon.es

Made in the USA
Columbia, SC
10 July 2025